Bernd Schiller

Zum Tee am Teich der roten Lotusblüten

Impressionen aus Sri Lanka

Picus Lesereisen

Picus Verlag Wien

Grafische Gestaltung: Dorothea Löcker, Wien
Umschlagabbildung: © Corbis
Druck und Verarbeitung:
Druckerei Remaprint, Wien
ISBN 3-85452-900-7

Informationen über das aktuelle Programm
des Picus Verlags und Veranstaltungen unter
www.picus.at

Inhalt

»Serendipity« oder das Prinzip Hoffnung

Nach der Katastrophe

Am Morgen des 26. Dezember 2004 schien an der Südostküste, wo der Yala-Nationalpark durch Mangrovenwälder ins Meer ausläuft, die Sonne wie überall in Sri Lanka an diesem Tag, aber kein Windhauch regte sich. Es war schon um halb neun sehr warm, knapp unter dreißig Grad. Der Fahrer und Fährtenleser Karuna Seena war früh in seinem Geländewagen mit einer Hand voll Touristen in Tissamaharama zur Pirsch gestartet. Seit über zwanzig Jahren zeigt er Safarigästen die Tier- und Pflanzenwelt dieser Region, die auch Ruhuna genannt wird, nach einem Königreich aus alter Zeit. Karuna weiß, wo die Krokodile dösen, er liebt die Vögel, die Kingfisher, Reiher, Flamingos und Schlangenadler, sein scharfes Auge hat oft genug die scheuen Leoparden im Dornengestrüpp ausgemacht, und wie kaum ein anderer kennt er die Yala-Elefanten: Gut hundertfünfzig leben in diesem trockenen, buschigen Reservat, aus dem Felsbuckel herausragen, die wie Riesenelefanten aussehen.

Es war 9.05 Uhr, als die ersten Dickhäuter dieses Morgens in Sicht kamen. Die Touristen, so wird der Ranger später den Reportern erzählen, wollten gerade ihre Kameras auf die Elefanten einstellen. Aber etwas war anders als sonst. Der Trupp der massigen Tiere, neun oder zehn an der Zahl, blieb weder stehen, noch überquerte er, wie Karuna Seena es tausendmal erlebt hatte, gelassen die Piste – nein, die Elefanten rannten; nie zuvor hatte der erfahrene Wildbeobachter eine so große Gruppe so schnell laufen gesehen. Karuna glaubte instinktiv zu spüren, dass diese Elefanten vor etwas davonliefen, dass sie um ihr Leben liefen. Er legte den Rückwärtsgang ein, wendete und versuchte, die nachfolgenden Jeeps zu warnen. Aber seine Kollegen wollten ihren Touristen, allesamt Japaner, etwas bieten; sie meinten wohl, dass noch mehr Elefanten durchs Unterholz brechen würden, sie hofften auf ungewöhnliche Bilder. Sie starben alle, nur zehn Minuten später.

Aus sicherer Entfernung hörten Karuna und seine Safarigäste das Grollen der Riesenwelle, sie sahen hilf- und fassungslos zu, wie die Welle Bäume und Hütten vor sich hertrieb, alles zwischen Strand und Savanne wegschwemmte, was eben noch wie ein Paradies ausgesehen hatte. Es war jene mörderische Welle, die binnen weniger Stunden Tod und Verwüstung in apokalyptischem Ausmaß über die Küsten Südasiens bis hin nach Ostafrika brachte. Jeder weiß seither, was mit dem bis dahin fast unbekannten Wort Tsunami gemeint ist.

Ob die Elefanten, die Karuna Deesa und seinen fünf Touristen das Leben retteten, wirklich einen sechsten Sinn besitzen, der sie vor Katastrophen bewahrt, kann kein Wissenschaftler bestätigen. Es sind jedenfalls keine Wildtiere in der großen Flut umgekommen, nirgendwo an den Küsten Sri Lankas. Die Menschen hingegen, an den Stränden und in den Dörfern unmittelbar dahinter, hatten keine Chance. Karuna Deesa wird vielleicht der Einzige gewesen sein, der »gewarnt« wurde. Mehr als dreißigtausend seiner Landsleute starben in der Flutwelle, Hunderttausende verloren ihre Lieben, ihre Existenz, ihr Dach über dem Kopf – aber nicht, wie sich schon bald herausstellte, ihre Hoffnung. Überraschend mag dieser Lebensmut so bald nach dem Unglück allenfalls für Beobachter außerhalb Asiens gewesen sein. Die Menschen in Sri Lanka leben seit Jahrzehnten, eigentlich schon immer, zwischen der Ergebenheit in ihr Schicksal und einer Stimmung, die nach neuen, hoffnungsvollen Zeichen für den Aufbruch in eine bessere Zukunft sucht.

Kaum war die Dimension des Schreckens erkannt, setzte eine weltweite Solidarität des Helfens ein. Der Begriff »Globalisierung« bekam plötzlich ein erweitertes Profil. Schon kurz nach dem Seebeben war sich die Welt einig, dass »nachhaltig« geholfen werden muss, mit Investitionen in Bildung und Infrastrukur, in eine gerechtere Wirtschaftsordnung und einen Tourismus, der sich dem Land künftig besser anpasst. In Sri Lanka hat das Umdenken begonnen: Man will künftig die Gäste nicht mehr vordergründig mit Sonne, Strand und Palmen locken, viel mehr mit Kultur, Natur und Aktivurlaub ansprechen.

Darf man einen Staat, der zwanzig Jahre Bürgerkrieg hinter sich hat und dann, gerade als sich nach dem Waffenstillstand von 2002 ein neuer Aufschwung abzeichnete, von der Schreckenswelle besonders grausam heimgesucht wurde, noch immer die »Insel der Hyazinthen und Rubine« nennen oder das »königlich-leuchtende Land« (so die dichterisch-freie Übersetzung von »Sri Lanka«, dem Namen, der 1972 das vertraute »Ceylon« aus der Kolonialzeit abgelöst hat)? Darf man gar, wie es der Titel dieses Buches, der etliche Monate vor der Tsunami-Katastrophe ausgewählt wurde, zum »Tee am Teich der roten Lotusblüten« einladen? Marco Polo soll Sri Lanka bei seinem legendären Besuch auf der Insel so genannt haben. Dürfen sich Reisende wieder und weiterhin auf das tropische »Paradies« freuen, das ja nicht erst die Katalogdichter unserer Tage entdeckt haben? Seit uralten Zeiten haben Poeten und Entdecker, Handelsreisende und Abenteurer auf Sri Lanka das Paradies gesucht – und gefunden.

Lange vor Marco Polo, zu Sindbads Zeiten schon, waren arabische Händler und Seefahrer auf diese Insel gekommen. Sie nannten sie »Serendib«, eine Abwandlung des Sanskritnamens »Sinhala Dvipa«, Löweninsel (deshalb fühlen sich die Singhalesen bis heute als Löwensöhne, als starke Herren der Insel). Seit vor zweihundertfünfzig Jahren der englische Romancier Horace Walpole in einer seiner Novellen einige Seeleute auf dem Wege nach Fernost nach einem bösen Sturm glücklich auf eben diesem Eiland Serendib landen ließ, kennt die englische Sprache den Begriff *serendipity*. Gemeint ist generell das unverhoffte Glück, das Menschen manchmal zufällt. Auf der Insel, die einer solchen hoffnungsvollen Schicksalswende den Namen geliehen hat, könnte das sogar die Chance zum Annähern zwischen Singhalesen und Tamilen bedeuten, womöglich sogar das unverhoffte Glück eines Friedensvertrags.

Bei so viel Hoffnung soll nicht vom »Teich der roten Lotusblüten« geträumt werden dürfen?

»Your morning tea, Sir ...«

Wie auf Sri Lanka ein neuer Tag beginnt

Zuerst melden sich die Krähen. Sie sind überall am frühen Morgen und am späten Nachmittag so gegenwärtig wie nebenan im großen Indien. Hier wie dort könnte ihr heiseres Krächzen als eigentlicher Symbolklang gelten, nicht die Trommeln der Tänzer aus der ehemaligen Königsstadt Kandy, nicht die sanften Töne der Sitarmusik in Kerala oder Maharashtra. Es ist halb sechs und noch tiefe Nacht. Längst machen die Hähne den Krähen Konkurrenz. Frösche beginnen ihr Konzert. Hunde bellen, ein Pfau schreit sein hässliches Lied in die Frühe; wieso gelten diese schönen, aber völlig unmusikalischen Vögel eigentlich als Gefährten aller Liebenden?

Langsam schälen sich die Konturen der Palmen aus einem Himmel, der jetzt, eine halbe Stunde später, milchig hell geworden ist. Ein kratzendes Geräusch lässt mich in den Garten starren. Yogananthan, der Mann für alles in diesem kleinen Resort, fegt Blätter und Frangipaniblüten zusammen. Yoga, wie er genannt wird, ist Tamile, gehört also der Minderheit an, die freilich immerhin fast ein Fünftel der Bevölkerung Sri Lankas ausmacht. Er ist ein gebrochener Mann, altersmäßig schwer zu schätzen, vielleicht ist er sechzig, vielleicht erst vierzig Jahre alt.

Ich sitze auf einem Balkon, eingerahmt von Palmen und Tempelblumen, irgendwo an der Ostküste. Ein paar Kilometer von hier, an der Sandpiste nach Norden, liegen ausgebrannte Tanks in den Straßengräben. In den ärmlichen Dörfern der Region fallen die wenigen herausgeputzten Häuser auf; fast alle anderen tragen Spuren eines langen Krieges. Von 1983 bis zum Waffenstillstand im Jahr 2002 haben sie hier und im Norden der Insel immer blutiger, immer unberechenbarer gekämpft: die Rebellen der tamilischen Terrorgruppe, die sich »Tiger« nennen und mit unglaublichem Fanatismus für einen separaten Nordoststaat fochten. Auf der anderen Seite, kaum weniger brutal, verteidigte die Armee, Singhalesen zumeist, die Macht eines Staates, der sich, wie einst in der Antike, Sri Lanka nennt, »königlich-leuchtendes Land«. Etwa siebzigtausend Menschen sind allein in den letzten zwanzig Jahren im Kampf um das Paradies gestorben, Männer, Frauen und viele Kinder. Drei davon waren Söhne des Gärtners Yoga. Nur Fotos von schlechter Qualität sind ihm, dem frommen Hindu, geblieben und die Hoffnung, dass Kumar, Pram und Ramesh, die bei ihrem Tod alle unter zwanzig waren, irgendwann in ein besseres Leben, in ein friedlicheres Zeitalter wiedergeboren werden.

Halb sieben. Die Bühne wird ausgeleuchtet:

Hinter dem Strand, über dem Meer, türmen sich Wolken zu wattegrauen Gebirgen. Ein Himmel in mildem Rosa wölbt sich über einer Szenerie, die von Minute zu Minute wechselt. Noch heben sich die Büschel der Kitul- und Kokospalmen nur im Scherenschnitt ab. Am Horizont, der einen Augenblick später sichtbar wird, nähern sich Boote dem Strand, eine Armada schmaler, schneller Fischerboote. Die Krähen sind ruhiger geworden; die meisten von ihnen warten wohl am Ende der Bucht auf die Männer, die ihren Fang gleich auf den Strand werfen werden. Lastwagen und die Zweitaktmotoren der Dreiradautos sind im Hintergrund zu hören. Das werden die Aufkäufer sein, die Großhändler und die Köche der kleinen *resthouses*, die die Rucksackreisenden so lieben. Die meisten Fischer, Moslems übrigens, die sich die Küste im Osten mit wenigen buddhistischen Singhalesen und vielen Tamilen teilen, haben sich einen Yamaha-Motor auf Pump gekauft. Ihr Prinzip heißt Hoffnung, ein Motto, das sich fast überall auf der Insel vor die dunkel gefärbte Erinnerung schiebt.

Zehn Minuten vor sieben: Die Wolken, eben noch zartrosa, tragen plötzlich rote Streifen und rote Tupfer. Die Frangipaniblätter vor dem Balkon beginnen zu glänzen, auch die Palmwedel, die auf einmal nicht mehr schlaff aussehen. Kurz darauf schiebt sich der Sonnenball aus dem Meer. Die Farben der Boote lassen sich nun erkennen: Hellblau und Hellgrün herrschen vor. Auch ein paar braune Auslegerboote sind dabei, wie sie seit Jahrhunderten von hier zu den Fischgründen und bis auf die Malediven gesegelt sind. Das Wort Katamaran stammt aus dem alten Ceylon. Es wird wohl das einzige sein, das aus der tamilischen Sprache in die Welt exportiert wurde.

Der Tag in den Tropen bricht rascher an als in den gemäßigten Breiten. Die Sonne wärmt auch viel schneller. Um sieben hängt sie bereits einen Fingerbreit über dem Horizont, schon zehn Minuten später suchen die Hunde nach schattigen Plätzen. Am Strand ziehen die ersten Surfer dieses Tages mit ihren Brettern den Wellen entgegen. Es sind vor allem Australier, braun gebrannte *Beach*-Helden, die alle wirken, als seien sie auf dem Weg zum Casting für eine Vorabendserie. Wenn es bei ihnen zu Hause kühl und regnerisch wird, im Juni oder Juli, beginnt an der Ostküste von Sri Lanka die Saison: sonnig, trocken, aber nicht windstill.

Bunte Vögel singen jetzt in den Palmwipfeln, andere picken lautstark an den Früchten im Garten herum. Die Krähen haben sich endgültig zu den Fischern verzogen und die Frösche sind verstummt. Libellen surren durch die samtwarme Luft, ein paar Affen toben übers Ziegeldach vom Nachbarn. Es klopft an der Tür. Yoga steht im Flur. Auf einem Tablett aus Bambusholz balanciert er eine dampfende Kanne, eine Tasse, den Zuckertopf und das Milchkännchen. Er ist barfuß und hat einen frischen *sarong* um die Hüften geschlungen. Schüchtern lächelnd wünscht er einen guten Morgen: »Your early morning tea, Sir …«

Shakespeare hinterm Mangobaum

Warum im alten Rathaus von Colombo nur Holzköpfe sitzen

An der Central Road, einer Ausfallstraße nach Norden, stauen sich die schweren Lastwagen mit ihren hohen, hölzernen Aufbauten, ihren Fahrerkabinen ohne Tür, ihren Dutzenden silberglänzenden Lampen und Signalhörnern. Fässer werden entladen, Unmengen Blechkoffer und sogar Baumstämme. Männer mit Kopftuch, denen der Schweiß vom nackten Oberkörper in ihr Hüfttuch läuft, schleppen Säcke mit Zement, Reis und Mehl in die Lagerhäuser. Nach links geht es ins alte tamilische Händlerviertel Kotahena. An dieser Abzweigung bietet ein Messerschleifer unter einem staubigen, blattlosen Baum seine Dienste an.

Die Wolvendaal-Straße steigt leicht an, auf die gleichnamige Kirche zu. Es ist ein wuchtiges Gotteshaus mit einem Stummelturm. Eine Tafel am Eingang weist auf die Sonntagspredigten hin, um acht Uhr in tamilischer, um halb zehn in englischer Sprache. Die Engländer schrieben Straße und Kirche etwas anders als ihre niederländischen Kolonialvorgänger, nämlich Wolfendahl. Gebaut wurde der bedeutendste Treffpunkt der Reformierten Christen von

Colombo 1750, auf den Fundamenten einer portugiesischen Kirche.

Höchstens zweihundert Meter sind wir vom Lärm der Pettah entfernt, dem Basarviertel, in dem sich viel erhalten hat vom alten Asien: die strengen Gerüche, die ungewohnten Geräusche, die wundersamen Farben. Hier, im Hof der Wolfendahl-Kirche, ist es still, zeitlos still. Es gibt viele Orte in der Millionenstadt, an denen die Geschichte des Landes wie ein vergilbter Bilderbogen über alten Steinen liegt.

Die Kirche ist abgeschlossen; ein kleines Mädchen, das ein Kreuz am Hals trägt, bedeutet uns schüchtern, ihm zum Haus seines Großvaters zu folgen. Daniel Sanjiri Arudas ist Wärter, Küster und nur zu gern auch Fremdenführer. Der Schlüssel, mit dem er uns die Vergangenheit aufschließt, ist so groß wie der Arm seiner Enkeltochter. Andächtig pustet der alte Mann den Staub von den Folianten: dem Taufregister von 1709 bis 1911, dem Heiratsregister von 1743 bis 1966. In einem Vitrinenschrank liegt eine Bibel in holländischer Sprache, vierhundert Jahre alt. Ins Gästebuch hat sich als Letzter 1979 Prinz Claus der Niederlande eingetragen, und 1992 war die Kirche noch einmal bis auf den letzten Platz gefüllt. Da feierten die Burgher, die Nachkommen jener holländischen Siedler, die sich einheimische Frauen genommen hatten, den dreihundertsten Geburtstag ihrer Reformierten Kirche auf der Insel.

Die Burgher hatten lange Jahre großen Einfluss auf der Insel. Sie waren Richter, Ärzte, Intellektuelle, Michael Ondaatje, der Autor des »Englischen Patienten« und aussichtsreicher Anwärter für den Literaturnobelpreis, ist einer von ihnen. Heute, nach den Kampagnen des singhalesischen Chauvinismus (»Sinhala only«), nach gezielter Ausgrenzung und Bürgerkrieg, hat sich ihre Gemeinschaft in die Diaspora nach Kanada und Australien zerstreut. Auch Daniel Arudas ist ein Burgher, aber ein portugiesisch-stämmiger. Seine Leute sind in anderen Vereinen organisiert, ihr Netzwerk war nie so mächtig wie das der Dutch Burgher, aber auch sie werden immer weniger. Jetzt sitzen an den Sonntagen vor allem christliche Tamilen auf den alten Bänken, und eine Hand voll betagter Briten singt eine Stunde später die europäischen Kirchenlieder.

Manchmal kommt auch die holländische Botschafterin, vor allem, wenn sie hochkarätigen Besuch aus der Heimat hat. Natürlich setzt sie sich nicht auf den Stuhl, der in der Kolonialzeit dem Gouverneur aus Amsterdam vorbehalten war. Wann, so fragen wir Daniel, wurde denn das Taufbecken aus kunstvoll geschnitztem Tamarindenholz zuletzt benutzt? Der alte Küster, der sein Amt vor vierzig Jahren von seinem Vater übernommen hat, schmunzelt: »No problem, Sir: Just the last sunday … three times!«

Im Cricket Club, einem Top-Treff zur Lunchzeit, laufen Spitzenspiele aus der einst britischen Welt auf fünf Bildschirmen. Es sind Übertragungen des ceylonesischen Lieblingssports, zum Beispiel aus Sydney und Südafrika, aus Pakistan und Barbados. Die Gäste, smarte Mitglieder der neuen *business society*, unterbrechen ihre Handy-Gespräche nur, um ein kleines Steak vom Grill oder einen Salat zu bestellen, so knackig und kalorienarm, wie ihn auch die Jogger, Banker und Broker in Kuala Lumpur oder Singapur lieben. Das sind die Vorbilder, da würde Colombo gern andocken.

Abends im Gallery Café, das wie der Cricket Club im Szeneviertel Kollupitiya liegt, treffen wir dieselbe Klientel. Zur *Afterwork*-Party bringt man mehr Zeit mit, hechelt durch, was im neuesten Klatschmagazin *Hi!!* auf Hochglanz verbreitet wird: Manisha Gunawardena, eine glamouröse Designerin, hat beim Bankett im Hilton den aufregendsten *sari* getragen ... der Champagnerempfang des Steuerberaterclubs soll bis in den frühen Morgen gedauert haben ... in der neuen Royal Suite im Luxushotel TransAsia hat Miss World aus Irland, Tochter des Popstars Chris de Burgh, probeschlafen dürfen ...

Die Kaufhäuser aus der britischen Belle Époque – Cargill's und Miller's – stehen schon lange im Schatten futuristischer Wolkenkratzer. Im Deli Market, einem Multiplex-Imbiss auf dem dritten Level von neununddreißig Stockwerken des Welthandelszentrums, haben die jungen *executives* die Wahl zwischen italienischer, chinesischer, indischer und thailändischer Mittagspause. Wir sind hier mit Tissa Abeysekara verabredet, einem alten Freund und Wanderer zwischen den Welten. Auf seiner Visitenkarte steht »Filmemacher und Autor«. Was nicht draufsteht: Mahner, Ketzer, intellektuelles Gewissen von Colombo, Lebenskünstler …

Tissa ist ein häufiger Gast im Goethe-Institut, wo angehende Kellner übrigens für die Deutschkurse Schlange stehen, um bessere Karten bei der Jobsuche im feinen Strandhotel zu haben. Er liebt deutsche Dichter, deutsches Kino und besonders die »Heimat«-Filme von Edgar Reitz, die er dort gesehen hat. Und er beschwert sich, dass viele seiner Landsleute nur gierig nach dem Aufschwung schauen. Sie würden dabei, so klagt er, ihr kulturelles Erbe vergessen. Er zeigt uns das ehemalige Hospital der holländischen Kolonialisten; es liegt im Abseits, gegenüber der Börse. »Niemand hat sich darum gekümmert, ein Kleinod der Kolonialarchitektur … sie haben es vermodern lassen …«

Jetzt baut ein Hotelkonzern aus Fernost die Krankenzimmer von vorgestern in Luxussuiten von morgen um, Fünfsterne-Nostalgie … Tissa stöhnt: »Was machen sie aus unserer Stadt? Sie haben den Victoria Park vor dem Rathaus zu einem Jogging-Kurs verkommen lassen. Sie planen nirgendwo, sie reißen ab, und wenn sie etwas bauen, dann ohne Verstand und, viel schlimmer noch, ohne Herz …« Ach, Tissa … lies mal, was der seinerzeit berühmte Indologe

Wilhelm Geiger 1925 geschrieben hat, als er Colombo nach dreißig Jahren Abwesenheit wiedersah: »... der Verkehr ist mächtig gewachsen ... ungefähr verdreifacht ... alles ist viel lärmender und aufdringlicher geworden.«

Rückschau verklärt vieles: Vor etwas mehr als dreißig Jahren, als ich anfing, mich in Sri Lanka zu verlieben – durchaus auch in Colombo –, schaukelten noch unzählige rote Doppeldeckerbusse durch die Stadt, ausrangierte Vehikel aus London. Wir zuckelten hinter Ochsenwagen her, die das Kerosin, den Brennstoff für die Öfen und Herde, zu den Hütten und Palästen brachten. Es dauerte damals, in den frühen Siebzigern, gerade einmal zwanzig Minuten, um mit einer dreirädrigen Motor-Rikscha von der City nach Mount Lavinia zu tuckern; heute muss man für diese Strecke mindestens eine Stunde einkalkulieren. Und wer den Weg immer noch mit dem offenen *tuktuk* machen will, könnte unterwegs an den Abgasen ersticken: »... der Verkehr ist mächtig gewachsen.«

Zwischen dem Fort-Viertel der Engländer und der Pettah, dem alten Händlerquartier der Moslems und Tamilen, sucht Freund Tissa nach einem Tor aus der Zeit, als zwischen der »Europäerstadt« und dem Basar der »Eingeborenen« noch Krokodile schwammen; das allerdings liegt gut dreihundert Jahre zurück. Der Filmemacher findet nur eine halb zerschlagene Gedenkplatte und ein Türmchen, unter dessen kaputter Glocke Tauben nisten. Mehr ist von Tissas Cayman Gate nicht geblieben.

Buntes Marktgewimmel an der Gaswork Street Junction: Gemüse, Fisch, Fleisch, Fliegenschwärme. Tissa lockt mich in ein großes, gelbes Haus, das wie eine Kirche ohne Turm aussieht und aus diesem Gewusel wie ein Fremdkörper ragt. Es ist das alte Rathaus von Colombo, 1873 wurde hier, neben der Markthalle, zum ersten Mal getagt. Alle Türen sind an diesem Morgen verschlossen, aber das ist nirgendwo in Sri Lanka ein Problem. Immer kennt jemand jemanden, der einen Schlüssel hat und ein paar Rupien gut gebrauchen kann.

Vorsichtig schleichen wir uns die knarrenden Treppen hoch. Der Mann, der uns den Eintritt verschafft hat, winkt uns zu einer Tür im ersten Stock. Tissa lässt mir den Vortritt. Ich will eintreten – und pralle zurück: Im Halbdunkel sitzen zehn Herren um einen Mahagonitisch, scheinbar vertieft in eine Diskussion. Gerade will ich mich entschuldigend zurückziehen, als ich sehe, dass die Gentlemen allesamt aus Holz sind. Es handelt sich um eine lebensnah nachgestellte Versammlung aus dem Jahre 1906.

Alle Volksgruppen sind vertreten: der sehr dunkle Tamile; die Burgher mit der viel helleren Hautfarbe – einer für die Holland-Fraktion, Dr. van Geyzel, einer für die Portugiesen; Mr. Khan, der Herr mit dem Turban, repräsentiert die Moors, wie man damals die ceylonesischen

Moslems genannt hat (und bisweilen heute noch nennt). Natürlich sind die Singhalesen anwesend, zum einen die Oberkaste aus Kandy, zum anderen ein Vertreter des Tieflands … und, versteht sich, die Engländer, die Herren der Insel.

Das Protokoll führt ein Mister Dunville, die Sitzung wird geleitet von W. Shakespeare. Kein Witz, der Mann, der vor rund hundert Jahren in der Old Town Hall, vermutlich im Schatten desselben großen Mangobaumes, der noch heute den Raum verdunkelt, am Kopfende der Versammlung saß, hieß wirklich so. Das geht aus einem Foto mit Unterschrift hervor, einem historischen Dokument, das neben dem Tisch an der Wand hängt und dem ich diese Namen verdanke. Ob der Shakespeare von Colombo-upon-sea auch noch William hieß, habe ich nicht herausbekommen.

Draußen, im grellen Licht der Tropensonne, wirkt auf einmal alles so ähnlich wie es früher war, vor dreißig Jahren, zu Geigers und womöglich auch zu Shakespeares Zeiten: Lotterieverkäufer schieben brüllend ihr Fahrrad durch die Gassen der Pettah, nur haben sie heute einen Lautsprecher auf den Lenker geschnürt und Batterien und Kabel im verrosteten Gepäckträger verstaut. Hier wird quietschbuntes Waschpulver aus Säcken verkauft, dort hängen pastellfarbene Moskitonetze. Aus den glitzernd-verspiegelten Goldläden an der Sea Street dringen arabisch-indische Klänge, in der 5th Cross

Road feilschen die Köche und Wirtschafterinnen aus den feinen Stadtvierteln um die besten Gewürze für ihre Herrschaften.

Wir waren tief eingetaucht in die lauten, schmutzigen und wundervollen Gassen des Orients: Malikan Street, Prince Street, Keyzer Street und natürlich Gabo Lane, wo all die magischen Wurzeln und Kräuter für die *Ayurveda*-Behandlung aus Gläsern, Kanistern und Kartons, aus Schachteln und Säcken verkauft werden. Und irgendwann haben wir wieder herausgefunden aus dem exotischen Irrgarten. Am Mangobaum unter dem Fenster von Mr. Shakespeare hat sich inzwischen ein Händler niedergelassen. Er verkauft, wenn man so will, Bonuspunkte für das *karma*. Für etwa einen Euro kann man Papageien und andere Tropenvögel aus engen Käfigen davonfliegen lassen in den freien Himmel.

Hindus, Buddhisten, Anders- und Gutgläubige nutzen die Chance. Ich schlage vor, dass auch wir etwas für unser Seelenheil tun sollten. Also kaufen, nein, schenken wir zwei sehr bunten Vögeln die Freiheit. Als wir uns nach etwa zehn Schritten umdrehen, bekommen wir gerade noch mit, wie der weise Vogelhändler die Papageien – unsere Papageien – wieder in den Käfig setzt. Sie hatten wahrscheinlich nicht einmal die Zeit, einen Blick durchs Fenster auf die Versammlung der hölzernen Ratsherren zu werfen.

Mit der Großmutter auf dem Rücken

Adam's Peak: Der lange Weg zum heiligen Gipfel

Die Wandergruppe ist gegen ein Uhr morgens von Nuwara Eliya mit einem Kleinbus aufgebrochen. Zwei Stunden später, bei der Ankunft im Dorf Maskeliya, wird zum ersten Mal die Lichterkette am heiligen Berg sichtbar. Wie eine Prozession von Glühwürmchen, so wirkt es aus der Ferne, windet sie sich steil nach oben: Laternen, Lampen, Fackeln. Es ist eine sternenklare Nacht im Februar, Hochsaison auf dem Sri Pada, der auch Samanala, meistens aber Adam's Peak genannt wird.

Seit vielen tausend Jahren bewegt dieser Gipfel die Phantasie der Menschen auf der Insel Lanka. Spitz wie ein Zuckerhut ragt sein Kegel aus den grünen Hügeln des südlichen Hochlandes, 2240 oder 2245 Meter über dem Spiegel des Indischen Ozeans; die Angaben über die Höhe schwanken. Seine unverwechselbare Form, die schon Sindbads Seefahrern als Landmarke gedient hat, mehr noch: seine Merkwürdigkeiten und seine Wunder, von denen ein anderthalb Meter großer Fußabdruck auf der Felsenspitze das wichtigste ist, heben diesen Berg aus allen anderen in Ceylon, von denen einige sogar höher sind, heraus. Wie bei Moses' Berg auf dem Sinai, dem Ayers Rock in Australien oder dem Kailash in Tibet ranken sich auch um diesen heiligen Gipfel unzählige Legenden: Adam soll hier oben tausend Jahre lang, nur auf einem Bein stehend, um das verlorene Paradies getrauert haben. Von Buddha selbst, so sagen hingegen die Singhalesen, stamme der markante Abdruck im Felsen. Oder doch von Shiva, wie die Hindus behaupten, gar vom heiligen Thomas oder von Alexander dem Großen …?

Zu allen Zeiten haben neben den Pilgern auch Reisende von weither diese und viele andere Legenden aufgesogen, haben sich von der Heiligkeit des Berges anrühren, ja verzaubern lassen. Sie folgten ihren einheimischen Begleitern, die barfuß über die feuchtkalten und vermoosten Stufen kletterten und ihnen den rauen Pfad mit harzgetränkten Fackeln und später mit starken Taschenlampen ausleuchteten. Und bis heute ziehen sie sich dort, wo der Berg immer unwegsamer und steiler wird, an schweren Ketten hoch, die die Engländer während ihrer Zeit auf Sri Lanka in den Fels gehängt haben. Noch viel früher, im 14. Jahrhundert, erzählte der arabische Weltenbummler Ibn Battuta in seinem weltberühmt gewordenen Reisebericht von der Fußspur unterhalb des Himmels. Gut fünfzig Jahre zuvor soll auch Marco Polo die ausgetretenen Stufen auf dem Wege zum wundersamen Sri Pada benutzt haben.

Und noch viel länger zurück, bis weit in die Traumzeit der antiken Königreiche lässt sich die Geschichte des heiligen Berges verfolgen. Die Mahavamsa, Kultchronik der Löwensöhne von Lanka, nennt vor über zweitausend Jahren den markanten Gipfel Samanala oder Samanta Kuta – die Burg des Wächtergottes Saman. Als solcher wird er in der Legende vom frommen Heldenkönig Dutthagameni erwähnt, hundertfünfzig Jahre vor der christlichen Zeitenwende. »Die Priester«, so heißt es dort sinngemäß, »welche das Sterbebett des Herrschers umstehen, preisen seine vielen guten Taten; sie erzählen das Wunder vom Reiskorn, welches der gute König als Almosen verteilt hatte, und das von den Priestern auf dem Gipfel des Wächterberges unter neunhundert anderen Priester verteilt werden konnte …«

Der Weg nach oben dauert etwa drei Stunden, Zeit genug, um über die vielen Deutungen und Geschichten nachzudenken. Es ist mühsam, eigentlich unmöglich, einen Rhythmus im Aufstieg zu finden, viertausendfünfhundert oder fünftausend Stufen sollen es sein, hohe und breite, ausgewaschen in ungezählten Monsunregen, andere wiederum kurz, niedrig und glitschig, schließlich die Felsbrocken und Pfade, die die Briten mit der Kette gesichert haben. Spätestens nach zwei Stunden schlägt das Herz am Hals. In den Teestuben auf halber Höhe kauern müde Wanderer. Manche möchten aufgeben, aber dann sehen sie einheimische Pilger vorbeiziehen, die ihre Großmutter auf dem Rücken tragen oder ein kleines Kind im Arm.

Das spornt an und kurz vor sechs haben es die meisten geschafft.

Es ist kalt und windig auf dem Gipfel, gerade einmal über null Grad. Im Osten kriecht ein breiter Streifen hellen Rots über die Nachtwolken. Die buddhistischen Priester im kleinen Tempel über dem Fußstapfen stimmen ihre Gläubigen auf das Wunder des neuen Tages ein. *Sadhu, sadhu,* heilig, heilig ruft die Menge, etwa tausend Pilger und Touristen, als gegen Viertel nach sechs der rote Ball aus dem Nebelmeer steigt. Jeder, der die Mühe auf sich genommen hat, darf jetzt eine Glocke zum Klingen bringen, so oft, wie er auf dem Berg war. Manche schlagen die Glocke zehnmal, zwanzigmal an …

Der rötliche Gneis rund um die Fußspur ist mit Blumen bedeckt, angewelkte Frangipaniblüten liegen dort in großen Mengen, daneben und darüber Jasmin, büschelweise Rhododendron, auch Reishaufen, Betelblätter und die Nüsse der Arekapalme. Ein süßlich-morbider Duft zieht durch das Tempelchen, das den Gipfel krönt. Junge Mütter, vorwiegend tamilische Frauen mit dicken, eingeölten Zöpfen, halten für einen Moment ihre splitternackten und erbärmlich frierenden Babys über Sri Pada, den geheiligten Fußabdruck. *Sadhu, sadhu* rufen auch sie, und werfen sich mitsamt dem Kind zu Boden. Und manchmal, so erzählen die Einheimischen, legt sich ein alter Mensch zum Sterben vor die Kette, die den Pilgerstrom vom Felsfuß trennt; niemand hält ihn davon ab. Es ist sein frommer Wunsch, dass die Seele von diesem heiligen Gipfel aus mit dem Wind verweht, möglichst im Moment des Sonnenaufgangs.

Das erste Licht des Tages bewirkt das zweite Wunder dieses Berges, ein Naturschauspiel, das auch fast alle ausländischen Besucher als prägend für ein ganzes Leben empfinden – so unglaublich schön, dass es auf der Stelle alle Strapazen und die Kälte vergessen macht. Die Sonne wirft den Schatten des Bergkegels auf eine Wolkendecke, die drei-, vierhundert Meter tiefer liegt. Wieder schwellen die *Sadhu*-Rufe an, wieder werfen sich die frommen Anhänger Buddhas und Shivas auf den Stein.

Es wird jetzt schnell warm, die Nebel im Tal und die Wolkendecke auf halber Höhe unter der Bergpyramide zerreißen. Auf einmal, nur für kurze Zeit – oder doch für eine Ewigkeit? –, liegt allen hier oben das Paradies zu Füßen, das königlich-leuchtende Land. Gleich darauf lässt heißer Dunst den Urwald dampfen und die Brillen beschlagen. Spätestens gegen sieben Uhr machen sich die meisten Gipfelstürmer auf den Rückweg. Noch einmal viele Tausend Stufen, die die Knie zittern lassen, noch einmal Teepausen im grünen Dämmerlicht. Eine Stunde später lassen sich Pilger und Wanderer aus aller Welt ins Gras fallen oder ins Kräuterbad in der Herberge von Dalhousie, erschöpft aber unendlich glücklich.

Bunte Vögel auf Buddhas Haupt

Vom stillen Zauber der antiken Stätten

Dunkle Wolken über dem Land nördlich von Kandy. Ein Gewitter entlädt sich. Wir wollten eigentlich an diesem Vormittag direkt zu den Höhlen von Dambulla fahren. Aber der Scheibenwischer unseres Autos schafft es nicht mehr, kein Durchblick. Wir halten uns Regenjacken über den Kopf und flüchten über die aufgeweichten Wege in das Höhlenkloster Alu Vihare. Etwa hundert Jahre vor Christi Geburt, so heißt es, soll dieser Tempel, ein paar Kilometer außerhalb von Matale, aus dem Granitfelsen gehauen worden sein. Ein junger Mönch bietet uns Tee an und führt uns in einen Nebenraum. An einem offenen Fenster sitzt dort ein sehr alter Mönch, ein zerbrechlich wirkender Greis mit einem durchgeistigten Gesicht. Er schaut kaum auf, setzt sein Werk fort, als bringe allein das schon die Erleuchtung.

Mit einem Elfenbeingriffel ritzt der Alte heilige Texte in ein Ola-Blatt. Zeichen für Zeichen stanzt er in Pali, der Schriftsprache der Theravada-Buddhisten, in das hölzern wirkende Blatt. Manchmal, alle zehn oder fünfzehn Minuten, setzt er seine Brille ab und reibt sich die geröteten Augen. Seine Hände sind geschwollen, er knetet sie und betrachtet in einer Mischung aus Demut und Stolz, was er an diesem Tag bereits »geschrieben« hat.

Seit zehn Jahren sammelt der gelehrte Mann auf diese Weise gutes *karma*. Er füllt den heiligen Dreikorb, *tipitaka* auf Pali, mit den kanonischen Texten der Lehre. Um 80 vor unserer Zeitrechnung haben sich an diesem Felsen über fünfhundert Mönche getroffen, um zum ersten Mal nach dem Tod des historischen Buddha eine Art Inventur zu machen: zu sichten und schließlich aufzuschreiben, was bis dahin nur mündlich überliefert worden war – Buddhas Lehre, seine Anweisungen für den *sangha*, die Gemeinschaft der Mönche, auch die scholastischen Schriften, also die Interpretationen seiner Jünger und Schüler. Es ist nicht, wie manchmal im Westen gern verglichen wird, die Bibel der Buddhisten, die dort entstand. Das Werk sollte als Sammlung aller philosophischen, psychologischen und alltäglichen Regeln verstanden werden, eine Art Grundlage der buddhistischen Kultur.

Als 1848 auf Buddhas Insel ein Aufstand gegen die Briten losbrach, flüchteten sich auch einige Rebellen in den Felsentempel von Alu Vihare. So wurden die Kämpfe bis in die heiligen Höhlen getragen; die Bibliothek ging in Flammen auf, alle Manuskripte, die dort seit fast tausendneunhundert Jahren gehütet und immer wieder redigiert und neugeschrieben worden waren, verbrannten. Aber schon bald nach der Zerstörung begannen die Mönche von Alu Vihare mit der erneuten Niederschrift des Kanons. Sie bewahren sie, wie ihre Vorgänger seit zweitausend Jahren, in geflochtenen Korbschachteln auf, drei Körbe, symbolisch gemeint, mit drei Textsammlungen mussten und müssen immer wieder der Nachwelt überliefert werden. Denn Ola-Schriften zerfallen nach drei- oder vierhundert Jahren im tropischschwülen Klima, auch wenn sie in kühlen Höhlen lagern.

Der alte Mann legt sein Schreibzeug auf ein Tischchen und sieht uns an. Er lächelt und dann erzählt er, wie die jüngeren Mönche ihm die Ola-Blätter liefern: Die Novizen schneiden die Blätter der Talipotpalme in längliche Rechtecke deren Form und Größe an breite Lineale oder Lesezeichen erinnern. Die noch spröden Teile werden kurz in eine milde Lake getaucht und mit Sand glatt geschliffen. Danach erst kann die mühselige Arbeit des Einritzens beginnen. Blatt für Blatt – »Seite« für »Seite« – reiben die Schriftgelehrten anschließend die Manuskripte mit Ruß ein, damit die Texte besser zu lesen sind.

Der Regen hat aufgehört, so plötzlich wie er begonnen hat. Die grelle Sonne trocknet rasch die Pfützen, die eben noch wie kleine Seen den Garten überflutet hatten. Behende führt uns der Mönch, von dem wir inzwischen wissen, dass er hoch in den Achtzigern ist, einen glitschigen Weg zum Felsgipfel hoch. Dort weist er auf eine Vertiefung im Granitstein hin: noch ein *sri pada*, ein Fußabdruck Buddhas? Wir erzählen von unserem Besuch auf dem Adam's Peak, dem heiligen Berg so vieler Gläubiger. Nein, dieser Fußstapfen ist nicht wirklich heilig, nur eine Nachbildung des berühmten Pilgerziels im Hochland.

Ein paar Tage später, in Anrudhapura, der wichtigsten Ruinenstadt im Land der Könige. In der Blützezeit der lankischen Hochkultur, als das Römische Reich schon im Untergang begriffen war, lebten hier, in der Urwaldmetropole, vermutlich eine Million Menschen. Es wird berichtet, dass die Häuser und die Tempel so eng standen, dass die Hühner über die Dächer laufen konnten. Gegen Mittag hat die Hitze die meisten Besucher in die Busse und klimatisierten Hotels getrieben. Ich habe mich in den Schatten der *dagoba* von Jetavana gesetzt und sinne den Zeitläufen nach. *Dagobas*, auch *stupas* genannt, sind buddhistische Reliquienschreine, die stets, selbst wenn sie vom Moos überwuchert sind, als Andachtsstätten von den Gläubigen aufgesucht werden. Die Jetavana-Kuppel hat im Altertum über hundertzwanzig Meter aus der legendären Stadt geragt. Die frühen Reisenden haben ihre Dimensionen und ihre Strahlkraft mit denen der Pyramiden von Gizeh verglichen. Volumen und Anzahl ihrer Steine, so sagen Fachleute in unseren Tagen, hätten für eine drei Meter dicke Mauer von der Südspitze der Insel bis nach Jaffna im Norden gereicht.

Vor tausend Jahren flüchteten die singhalesischen Könige wieder einmal vor tamilischen Eindringlingen nach Osten und bauten sich in Polonnaruwa eine neue Hauptstadt. Anuradhapura geriet ins Abseits, der Urwald schloss sich über den Kultstätten. Die Jetavana-*Dagoba* sank vierzig Meter tief in den Morast. Als Ralph Backhaus, ein junger Beamter des britischen Civil Service, im Jahre 1820 plötzlich vor den gigantischen Relikten stand, steinernen »Reishaufen«, Säulen und Skulpturen, war die Kuppel vermoost und die Spitze abgebrochen.

Im 3. Jahrhundert hatte diese mächtige *dagoba* im Mittelpunkt eines Klosters gestanden, das König Mahasena gegründet hatte, den sie den Ketzerkönig nannten. Es war die Zeit bitterer Auseinandersetzungen um den rechten Weg der Lehre. Das Jetavana-Kloster, so nimmt man auf Grund neuer Funde an, gehörte damals den Mönchen der Mahayana-Schule, einer Reformrichtung, die *boddhisatvas* anerkennt, Helfer auf dem Weg zur Erlösung. Was für ein Affront gegen die mehrheitlich am Theravada, der ursprünglichen Lehre, orientierten Mönche muss das seinerzeit gewesen sein, als dieser Mahasena ausgerechnet die imposanteste *dagoba* den von der reinen Lehre Abgefallenen überließ. Trotzig verließen die wichtigsten Würdenträger des Theravada und mit ihnen einige Tausend *bhikkhus* für neun Jahre die Metropole des Glaubens. Erst als ein Minister den König überzeugen konnte, dass es im Sinne eines friedlichen Miteinanders der verschiedenen Schulen sei, den Anhängern der orthodoxen Richtung die *dagoba* wieder zu überlassen, kehrten sie in ihr Kloster zurück.

Ich habe die Augen geschlossen und schaue nach innen. Es ist tagsüber leicht, vor den gewaltigen Kuppeln im Heiligen Hain von Anuradhapura zu meditieren. Aber dann dringen doch Stimmen an mein Ohr. Junge Leute sind es, wie sich herausstellt, Studenten der Universität Peradeniya bei Kandy. Sie hocken auf den Bruchstücken der großen Vergangenheit, zeichnen und vermessen die *dagoba* und einige Stelen in der Nachbarschaft. Sie sind ernsthaft bei der Sache, ihr Professor hat gerade die Bedeutung des einstmals größten Heiligtums der Welt erklärt. Wir kommen ins Gespräch. Der Wissenschaftler und seine Studenten freuen sich über das Interesse des Europäers an der Geschichte ihres Landes. Viele Gruppenfotos sind die Folge.

Am frühen Abend sehen wir uns wieder. Wir alle sind jetzt Pilger an der wohl ältesten Feigenpappel der Welt: *mahabodhi*, großer Baum der Erleuchtung, nennen ihn die Einheimischen, und sie sind überzeugt, dass der Glaube auf dieser Insel ungefährdet gelebt werden kann, solange dieser heilige Baum blüht. Er ist nämlich ein Ableger jenes Stammes, unter dem Siddharta Gautama einst zum Buddha wurde. Um 250 vor unserer Zeitrechnung schickte Indiens großer Kaiser Ashoka seine Tochter, die buddhistische Nonne Sanghamitta, mit einem Setzling des Baumes der Erleuchtung zum König von Sri Lanka. Seither, seit dreiundzwanzig Jahrhunderten, trägt dieser Baum alljährlich lila Blüten; auch in jenen fernen Zeiten war das so, als die Stadt von Tamilen beherrscht wurde. Kein Wunder: Vishnu, immerhin, wurde unter einem solchen Baum geboren. Und auch der Buddha gilt den Hindus viel; er wird als neunte Manifestation ihres weltbewahrenden Vishnu angesehen.

Die Sonne ist eben hinter den Kuppeln der großen *dagobas* verschwunden, die Hitze weicht einer milden Luft, und jetzt rufen die *horanewa*, eine Art Flöte, dazu Trommeln und die Gesänge der Mönche zur Andacht rund um den heiligen Baum. Alte Frauen in braunen Kutten, die »Töchter Buddhas«, legen Tempelblumen vor einen goldenen Zaun, der den Stamm auf einem Podest vor allzuviel Zuneigung und womöglich Schlimmerem bewahrt.

Fackeln erhellen den Ort der Andacht. Vor dem Heiligtum zünden Nonnen, Mönche und Besucher aus aller Welt Öllämpchen an. Sie glimmen ohne einen Windhauch auf eisernen Gerüsten still vor sich hin. Ein halber Mond, den immer wieder Wolken streifen, leuchtet die Szene zusätzlich aus, die vor tausend und zweitausend Jahren die Pilger nicht anders berührt haben mag wie in diesen Tagen. Nach einer halben Stunde ebben die Trommelklänge ab. Mönche des Mahabodhi-Klosters sammeln die Blüten und Früchte ein, die zum Segen des Baumes mitgebracht worden waren.

Was für ein Abend. Und was für ein Morgen, am Tag darauf. Die meisten Gäste des kleinen, sehr alten Tissawewa-Rasthauses im heiligen Bezirk sind früh aufgebrochen. Sie sind auf dem Weg zur Ruwanweli-*Dagoba,* auf deren vergoldeter Spitze ein Bergkristall leuchtet, ein Geschenk der Buddhisten aus Burma. Oder sie lassen sich vom Zauber der Thuparama-*Dagoba* gefangen nehmen, unter deren Kuppel ein Schlüsselbein Buddhas liegen soll. Und im Felsentempel von Isurumuniya, nicht weit von dieser Herberge, treffen sich Honeymooner aus Colombo, um sich vor dem anrührenden Relief mit dem schönen Namen »Die Liebenden« die Treue zu schwören ...

Jetzt höre ich nur noch auf die Vögel; gebannt und zugleich gelassen schaue ich zu, wie eine Horde junger Affen nach Sonnenstrahlen jagen und beobachte einen Jungen, der die Auffahrt fegt, Blatt für Blatt. Schließlich bespritzt er den Sandweg mit Wasser, achtsam und, wie es die Lehre des Buddha empfiehlt, »mit rechtem Bemühen und rechter Konzentration«. Jetzt erst, nach einer solchen Morgenstunde der Sammlung, mache ich mich auf den Weg nach Polonnaruwa.

Gal Vihare, schönstes Monument des Glaubens auf der Insel der Rubine und Hyazinthen. Es ist früher Morgen in Polonnaruwa, die Touristengruppen sitzen noch beim Frühstück im

Hotel. Wir haben unsere Rucksäcke auf die Felsen vor die Statuen dieser zweiten großen Königsstadt gelegt; die Sonne beginnt gerade den Stein und unsere Gesichter zu erwärmen. Vier Figuren aus grauem Granit strahlt sie an: den liegenden Buddha, der auf dem Weg ins *nirwana*, ins endgültige Verlöschen ist, daneben einen in Meditation versunkenen Buddha; den Erleuchteten in einer Felsvertiefung, umgeben von den Hindugöttern Brahma und Vishnu erreichen ihre Strahlen kaum, wohl aber die große stehende Figur ganz links, deren Gesichtsausdruck völliges Losgelöstsein und tiefe Weisheit vermittelt.

Mögen sich die Gelehrten weiterhin darüber streiten, ob auch diese Skulptur, die wie die anderen im 12. Jahrhundert aus dem Granitgestein gemeißelt wurde, den Buddha darstellt oder Ananda, seinen angeblichen Lieblingsjünger. Betrachter, die den Sinn einer »Besichtigung« nicht nur in der Vermittlung von Jahreszahlen, Stilepochen oder wissenschaftlichen Interpretationen sehen, werden einfach nur die tiefe Ruhe genießen, die von dieser Figur ausgeht. Sie werden auch im sterbenden Buddha mühelos die Schwerelosigkeit erkennen, mit der der Künstler vor über achthundert Jahren die Größe und Wucht der vierzehn Meter langen Skulptur aufgehoben hat.

Eine Gruppe einheimischer Pilger tritt an den heiligen Felsen, legt Lotus- und Frangipaniblüten auf einen Sockel. Sie erzählen, dass sie aus einem Dorf im Süden der Insel gekommen und die ganze Nacht hindurch gefahren sind. Der Lehrer dieser kleinen Gemeinde spricht Englisch. Man habe heute morgen, so berichtet er, außerhalb von Polonnaruwa das mitgebrachte Frühstück gegessen, Reis aus Henkeltöpfen, Linsen und Okraschoten. Jetzt, obwohl die Sonne schon hoch steht, zünden sie Kerzen auf den Tischen vor den Buddhafiguren an.

Der Lehrer übersetzt seinen Mitreisenden, dass wir oft und gern zu solch früher Stunde nach Gal Vihare kommen. »Haben Sie bemerkt«, fragt er uns, »wie fein der Faltenwurf der Robe gearbeitet ist, wie gelassen der Körper im Felsbett ruht …« Es sind Bauern, die mit ihm quer über die Insel gefahren sind, Tagelöhner, Besitzer kleiner Kokosplantagen, der Dorfbäcker, der Friseur, der Krämer, ein paar Musikanten. Andächtig hören sie zu, was der Lehrer eben auch uns gesagt hat: »Schaut genau hin: Die leicht verschobenen Füße des liegenden Buddha deuten den eben eingetretenen Tod an, den Übergang ins *nirwana* … Und sieht es nicht aus, als sinke der Kopf in das Kissen, auf dem er ruht …?«

Warum reise ich seit über dreißig Jahren immer wieder und oft für lange Wochen auf diese Insel, von deren innerer Zerrissenheit doch so häufig die Rede sein muss? Was macht mich dort eigentlich so glücklich? Es sind Begegnungen wie die vor der Jetavana-*Dagoba* oder bei den Buddhas von Gal Vihare. Aber noch öfter sind es die Momente, in denen ich mit den Steinen und der Stille der Tropen allein bin. Es ist eine merkwürdige Stille, summend-heiß und zugleich samtweich. Vogelstimmen gehören dazu und die schnalzenden Rufe der Geckos.

Medirigiriya liegt abseits der bekannten Rundfahrtrouten. Kaum eine Busgruppe findet den Weg dorthin. Wir waren von Trincomalee die A6 nach Südwesten gefahren, hatten an diversen Checkpoints den Soldaten in ihren Sandsackverschlägen zugewunken und mindestens zweimal an *Curd*-Ständen gehalten. *Curd*, der ceylonesische Joghurt, wird aus der Milch der Wasserbüffel gemacht und in Tonschälchen am Straßenrand verkauft, im Süden bei Yala und eben hier, an der Nationalstraße zwischen Habarane und Trincomalee.

Über schmale Wege, vorbei am Kandulla-Stausee, waren wir schließlich nach Medirigiriya gekommen. Auf einem Podest schauen dort, tief im Dschungel, vier Buddhas in alle Himmelsrichtungen. Vor über tausend Jahren haben hier heilkundige Mönche die Kranken aus den Dörfern der Umgebung gepflegt. Steinwannen, dem menschlichen Körper nachgeformt, werden heute, wo *ayurveda*, die uralte Lehre vom langen Leben, wieder in hoher Blüte steht, als Kräuterbäder identifiziert.

In einem alten Kunstbuch lese ich einiges über die Bedeutung, die das Kloster einst gehabt haben muss: Eine große *dagoba* soll damals im Mittelpunkt gestanden haben. Heute fallen immerhin noch die Stelen des alten Rundtempels auf, *vatadage* wird diese Form genannt. Die Steinsäulen, so nimmt man an, haben schon im 7. Jahrhundert einen Tempel gestützt. Vieles muss noch entschlüsselt werden; erst 1934 haben Archäologen aus Colombo diese schönsten *vatadage* der Insel entdeckt, vom Urwald überwuchert und voll zauberhafter Geheimnisse.

Ein Reiher hat sich auf den Kopf eines meditierenden Buddha gesetzt. Minutenlang wirkt es, als sei der graue Vogel Teil dieser Skulptur. Plötzlich aber macht er, eifrig mit den Flügeln schlagend, einem Oriolenpärchen Platz. Das Männchen, schwarzköpfig, lässt sich auf der Schulter nieder, das quittegelbe Weibchen ruht sich vom flatternden Liebesspiel auf dem Kopf des Erleuchteten aus. Dieser Buddha, der nach Osten schaut, ist fast ganz erhalten. Aber auch, wo Gesichter und Glieder von tausend und mehr Monsunzeiten verstümmelt sind, wirken sie beruhigend, erhaben.

Im Nachbardorf, das nur durch eine rumplige Piste mit der Welt verbunden ist, wird uns Tee angeboten. Eine Frau gießt ihn aus einem rußigen Kessel ein, der auf Feldsteinen über einem offenen Feuer steht. Die freundliche Neugier der Dorfleute, die sich in unglaublich kurzer Zeit um mich herum versammelt haben, macht leichtsinnig: Ich beiße in eine würzig duftende Kugel, die sie mir geschenkt haben; sie soll aus Linsenmehl gebacken sein. Die rötliche Farbe hätte mich warnen müssen: Der heiße Kloß war mit Chili der schärfsten Sorte gefüllt. Auch noch soviel Tee konnte das Feuer nicht löschen, das sich da in meinem Rachen ausgebreitet hatte. Die Leute aus Diwulankadawala hatten viel Spaß an diesem Nachmittag.

Ladies bitte durch die Seitentür

Hill Club: Krawattenzwang und andere Kolonialmarotten

»Wir empfehlen dringend, das Schild ›Ladies bitte nur durch den Seiteneingang‹ deutlicher aufzustellen.«

Diese Anregung, eigentlich eher eine Beschwerde, unterschrieben im Dezember 1928 fünf Mitglieder des feinen Hill Clubs, Pflanzer, Teekaufleute, Offiziere im Kolonialdienst, mithin distinguierte Herren. Sie hatten immer wieder feststellen müssen, dass Damen einfach so durch die Vordertür in die Lounge eindrangen und manchmal sogar einen Fuß in die Men's Bar setzten.

Heute lebt man im Hill Club zu Nuwara Eliya, der »englischen« Kleinstadt im ceylonesischen Hochland, nicht mehr ganz so »strictly to the rules«. Zwar behaupten auch neue Reiseführer gern, man müsse vor Betreten der Herrenbar Frauen und Mäntel an der Garderobe abgeben, aber in Wirklichkeit dürfen Ladies und Gentlemen schon seit Jahren beide Tränken gleichzeitig und gleichermaßen betreten und benutzen: die eher langweilige Mixed Bar und eben die Men's Bar, in der sich auch ein Hemingway wohl gefühlt hätte. Ein ausgestopfter Leopardenkopf schaut dort dem Barkeeper über die Schulter. Stephen Netto schenkt seit zwölf Jahren Whisky und Gin aus, ein Youngster im Vergleich zu den altgedienten *servants* im Club. Die Hälfte der über siebzig Mitarbeiter arbeitet hier schon seit mehr als fünfundzwanzig Jahren.

Als sich um die Jahreswende 1876/1877 William Walker, Joseph Wickwar und Herbert Saunders einig waren, dass man doch fern der Heimat einen stilechten Club benötige, zur Pflege aller Bräuche des British Empire, hatte kurz zuvor der Kaffeepilz die Plantagen und damit viele Existenzen im Hochland vernichtet. Zur Erinnerung an die Zeit vor dem Tee heißt ein Versammlungsraum bis heute »Coffee Planter's Club«. Vom weltweiten Renommee des Ceylon Tea und dem damit verbundenen Wirtschaftsaufschwung war die Kolonie noch weit entfernt. Man ging mehr oder weniger fröhlich auf die Jagd, genoss die frische Luft auf Wanderungen durch die Rhododendronwälder auf der Horton-Hochebene und ertränkte seinen Kummer in den Bars von Colombo. Weil aber dort, zum Beispiel im Colonial Club, über den später das Hotel Taj Samudra gestülpt wurde, die müden Ventilatoren die schwüle Hitze nicht verwehen konnten, zog man zwischen Mai und Oktober, so lange man es sich leisten konnte, in die »Stadt über den Wolken«. Das ist die Bedeutung von Nuwara Eliya, über zweitausend Meter hoch gelegen. Eine Kleinstadt wuchs heran, wie aus Kent oder Somerset in die Tropen verlegt, mit einem Postamt aus roten Ziegeln, wo man bis heute farbenfrohe Briefmarken bekommt, der Hatton Bank, dem Grand Hotel, das seine Seele an die großen Reisegruppen verkauft hat, dem Vereinshaus am großen Golfplatz, dem fashionablen St. Andrew's, den Villen rund um die Pferderennbahn – alles viktorianisch, georgianisch, Tudor, vielfach auch von allem etwas. Und noch immer lebt Nurelia, wie schon die Engländer den Namen dieser Sommerfrische gern abkürzten, auf den ersten Blick vor sich hin wie in den Zeiten des Empires, nirgendwo so authentisch, so skurril wie im Hill Club.

»Im Frühstücks-Beef von heute Morgen tummelten sich Maden …«

Das monierte am 23. April 1901 Vereinskamerad F. G. Savile. Der Clubsekretär war nicht amüsiert, redete sich aber im »Complaints Book« heraus: »Die Bedienung hatte Sie gewarnt …« Keine Sorge, auch in kulinarischer Hinsicht haben sich die Zeiten geändert. Zwar beherrschen die britischen Klassiker nach wie vor die Menükarte: Lammbraten in Minzsauce und halbblutiges Steak mit Kidney Pie wird oft angeboten. Manchmal aber, zu besonderen Anlässen, tischen zum Beispiel die Herren von der Chaine des Rôtisseurs aus Colombo sogar Tournedos Rossini auf, nach einer spektakulären Hühnersuppe namens Doria und gefolgt von einer Eiskreation Montblanc … ein Irish Coffee krönt so ein feines Essen.

Anlässe lassen sich leicht finden: der Geburtstag eines Vorstandsmitglieds, ein Feuerwerk an der Börse, ein gutes Geschäft bei der Teeauktion. Manchmal schaut auch H. E. President herein, Ihre Exzellenz, die Präsidentin. Der Besuch der Queen liegt hingegen länger zurück. 1954 ließ sie sich im Clubrestaurant Lamm mit Minzsauce schmecken, anschließend gab es Plumpudding, was sonst? Ein Silberbesteck war eigens für ihren Besuch angefertigt worden, mit eingraviertem Windsorwappen. Es liegt seither unbenutzt im Schrank, wird aber regelmäßig und ausgiebig geputzt.

Stilvoll geht es übrigens an jedem Abend zu, ob nun der Premierminister diniert oder eine Gruppe von Neckermann. Serviert wird von Kellnern alter Schule, dunkelhäutigen Herren in schwarzer Livree, mit langen, weißen Handschuhen. Kerzenlicht sorgt für das entsprechende Ambiente und Stanley Gunaratne, der jetzige Clubsekretär, achtet streng darauf, dass die Herren Krawatte und Jackett tragen. Wer beides nicht dabei hat, muss jedoch nicht umkehren. Am Empfang darf man sich gratis etwas aussuchen: Fünfzig Schlipse liegen bereit, einer scheußlicher als der andere, und sechsunddreißig Jacketts, garantiert *old fashioned*.

»Ich habe um halb elf eine Rikscha für elf Uhr

bestellt. Aber die Kulis verweigerten die Fahrt, weil es regnete.«

Das geschah am 11. Oktober 1903. Der Sekretär hakte die Beschwerde kurz ab: »Kulis bestraft …!« Auch auf diesem Sektor sind die Sitten freundlicher geworden, aber nicht weniger umständlich. Wer zuviel Rot- oder Portwein getrunken hat und zu seinem Hotel gefahren werden möchte, muss sich ein Taxi rufen lassen – heute in aller Regel eine Motor-Rikscha, ein *tuk-tuk*, auch *threewheeler* genannt, weil das Chassis auf drei Rädern rollt. Manche *Threewheeler*-Chauffeure besitzen ein Handy. Ansonsten schickt Ringasam Aisamy, der in seinem langen Rezeptionistenleben schon alle Sorten von Gästen hat kommen und gehen sehen, einen *boy* nach der Rikscha.

Vor vierzig Jahren hat auch er so angefangen, als *boy*, Wachmann, als *handy man*, wie sie hier die Tagelöhner nennen, denen keine Arbeit zu schmutzig ist. Jetzt ist Ringasam in Ehren ergraut, er ist der Herr über die Krawatten, über die Garderobe und über alle Geheimnisse, wie sie auf der ganzen Welt nur Barmixern und Empfangschefs anvertraut werden.

»Die Lampen über dem Billardtisch brennen nicht oder flackern ständig.«

Darüber regten sich am 4. Mai 1894 gleich fünf Clubmitglieder auf. Kann heute nicht mehr passieren. Und wenn doch – *power cut*, Stromsperre, ist auf Sri Lanka nichts Ungewöhnliches –, schaltet Mariapam Awaday sofort den Generator ein. Auch Mariapam hat als Türwächter und Laufbursche angefangen, mit dreizehn Jahren. Das war 1965, im selben Jahr, als der Kollege Rezeptionist seine Karrriere im Hill Club begann. Und wie der hat sich Mariapam nicht nur vom Hindu zum Christen gewandelt, er hat sich auch hochgearbeitet. Mister Awaday ist heute *maintenance officer*, Cheftechniker, Ober-Hausmeister.

Zwei Billardtische sind jeden Abend umlagert. Die Tafeln zum Anschreiben, die dunkel getäfelten Spielräume, alles stammt aus den glorreichen Zeiten, als hier nur wohlhabende Briten weißer Hautfarbe Zutritt hatten, vom einheimischen Personal einmal abgesehen. Heute schlafen in den sechsunddreißig gemütlichen Zimmern, die zum Club gehören, auch Touristen aus aller Welt, aber nur wenn kein »echtes« Mitglied dort wohnen möchte. Die Gäste von außerhalb werden, freie Kapazität vorausgesetzt, kurzerhand zu *temporary members* ernannt, meistens nur für eine Nacht. Dafür bekommen sie, wie alle, eine Wärmflasche zwischen die Daunendecken gelegt – es kann sehr kalt sein in Nurelia, bis an die Nullgrenze. Und in den beiden Suiten lässt Mariapam an solchen Tagen den Kamin anfeuern.

»Die Fliegen werden immer dreister. Wie kommen so viele auf einmal in den Club, sind sie Mitglieder?«

Das fragte im April 1956 ein Gordon Windus, wohl eher rhetorisch. Der Clubmanager blieb deswegen auch die Antwort schuldig. Heute jedenfalls stehen fünfhundert noble Herren (und ein Dutzend Damen, immer noch nur zögernd akzeptiert) in der Mitgliederliste. Sie alle gehören zur gesellschaftlichen Elite des Landes, Großkaufleute, Richter, Künstler, fast das gesamte Kabinett. Auf dem Stuhl des Clubpräsidenten sitzt seit Jahrzehnten Surin Wickremasinghe. Mitglied des Clans, der den letzten Premierminister gestellt hat und nach wie vor auf vielen Feldern die Fäden zieht. Engländer übrigens sind nur noch eine Hand voll dabei, vorwiegend *old boys*, übriggeblieben wie das Inventar.

Einer von ihnen, er könnte Churchill im Kino spielen, so ähnlich sieht er dem Premier von einst, zieht sich jeden Nachmittag nach dem Lunch in die Bibliothek zurück. Er wirft, wenn er hereinkommt, stets einen Blick auf den *Times*-Atlas von 1922, als die Welt östlich von Suez noch weitgehend britisch war, greift sich seine Zeitung, gibt dem Rezeptionisten ein Zeichen und nickt dann langsam ein unter dem *Daily Telegraph*. Der alte Ringasam stellt ihm lautlos seinen Whisky neben den dicken Clubsessel und zieht sich ebenso leise zurück. Das macht er seit Jahrzehnten so. Die Wanduhr ist längst stehen geblieben, die Zeit auch.

Der Elefantenflüsterer

Beim Chef-»Mahout« im Waisenhaus von Pinnawela

K. J. Sumanabanda trägt einen schmutzigen *sarong*, darüber einen Lederschurz. Er hat einen derben Stock in der Hand, der in eine Speerspitze ausläuft, eine Art Hellebarde. Mister Sumanabanda ist ein bekannter und geachteter Mann im Hochland um Kandy. Er ist auch ein glücklicher Mann, beinahe. Bisomanika, seine Frau, hat ihm vier gesunde Töchter geschenkt; ein Sohn fehlt zum vollendeten Glück.

K. J. Sumabanda stinkt nach Elefant. Das ist kein Wunder, denn er verbringt wesentlich mehr Zeit mit den Dickhäutern als mit seiner Familie. Suma, wie wir ihn hier der Einfachheit halber künftig nennen werden, ist ein *mahout*, ein »Elefantenflüsterer«, einer, der neurotische Einzelgänger der Spezies elephas maximus maximus sanft stimmen kann, einer, der nervöse *tusker*, das sind die großen Bullen mit den gigantischen Stoßzähnen, sicher durch das Gewoge von Fackelträgern, Tänzern und Trommlern in den Vollmondnächten lenkt, wenn die heiligsten Reliquien aus den Tempeln und Klöstern an hunderttausend und noch mehr Gläubigen vorbeigetragen werden.

Höchstens zweitausendfünfhundert »wilde«

Elefanten leben noch in den Dschungeln und Naturreservaten der Insel. Weitere tausend Kolosse schleppen Baumstämme aus dem Wald, helfen beim Straßenbau, stehen in glühender Sonne am Strand Modell für Touristen oder warten, bestens versorgt, in den Tempeln auf ihren Auftritt. Keiner unterhält sich einfühlsamer mit den großen Tieren, keiner kann auf so wunderbare Weise in die dicken Leiber hineinhorchen wie Suma, der Chef von über dreißig *mahouts* im so genannten Waisenhaus von Pinnawela, auf halbem Weg zwischen Kandy und Kurunegala gelegen. Als dieses Resort für kranke, verlassene und verstoßene Babyelefanten 1975 gegründet wurde, war K. J. schon dabei. Sein Vater war *mahout*, sein Großvater auch. Dessen Großvater war sogar oberster Elefantenversteher beim letzten König von Kandy, ein Ath Panthiya, ein Mitglied der höchsten *Mahout*-Kaste im alten Ceylon.

Auch Sumas Bruder Tharat versteht die Sprache der *aliya*, wie die Elefanten auf der Insel genannt werden. Ganesha, dem elefantenköpfigen Gott der Hindus, der gleichermaßen von den Buddhisten auf Sri Lanka geliebt und vor schwierigen Terminen um Beistand gebeten wird, ihm sei Dank, dass wenigstens Tharat einen Sohn hat, also jemanden, der die Familientradition fortführen wird. Niemals würde es Suma oder sonstjemandem auf der Insel einfallen, einem Mädchen beizubringen, wie man störrische Dickhäuter in Bewegung bringt.

»Daha«, ruft der zehnjährige Hema, Tharats Jüngster, »Daha«, noch ein kleiner Kick mit den Füßen an eine bestimmte Stelle hinterm rechten Ohr, dann trottet das mächtige Tier los.

Sumas Helfer haben heute Morgen schon die Ställe ausgemistet und drei »Kleinkindern« die Flasche gegeben. Zwei davon haben ihnen fröhlich den Rüssel entgegengerollt, eines aber, Sukumari, das erst kürzlich von Dörflern in Pinnawela abgegeben wurde, entkräftet und mit Geschwüren an den Beinen, wirkte apathisch und krank. Doktor Samantha Mendis, die leitende Tierärztin im Waisenhaus, weiß natürlich, welche Salben, welche Medikamente gut sind für Sukumari. Sie weiß auch, wo sie abhorchen und nachschauen muss, ob innere Organe verletzt und entzündet sind. Aber ohne einen »Dolmetscher«, ohne Suma oder einen seiner erfahrenen Kollegen, kommt sie nicht an das Tier heran, an keinen Elefanten in Pinnawela. Suma streichelt jetzt den Rüssel des Babys, massiert seine Schulter, krault seine Ohren, flüstert ihm liebevolle Worte zu: »Hida, Sukumari, hida …!« Und schon legt sich Sukumari hin, wie gewünscht. »Deri, deri …«, trink deine Milch und deine Medizin … Sukumari trinkt wie geheißen.

Suma konnte eben laufen, als sein Vater ihn zu sich auf einen Elefanten setzte. Der große Bulle gehörte einem Plantagenbesitzer. Lange bevor K. J. in die Schule kam, sprach er mit den großen Tieren, die, an Ketten gebunden, die großen Teakstämme aus dem Wald zerrten. Später zeigte sein Vater ihm die sensiblen Punkte ihrer Lebensgefährten, am Kopf, an der Schulter und vor allem am Rüssel, dem Tastorgan der Elefanten. Suma lernte schnell, wann er einen Befehl mit dem *ankus*, dem Speerstock, leichten Nachdruck verleihen musste. Dieses Wissen hat ihm später in Pinnawela geholfen, auch brenzlige Situationen zu meistern.

Als einer der später landesweit berühmt gewordenen *tusker*, »Vijaya«, der Sieger – benannt nach dem ersten Löwensohn, der die legendären Eroberer des ebenso legendären Lanka in vorgeschichtlicher Zeit anführte – als fünfjähriger Pflegling nach Pinnawela kam, spürte K. J. Sumananbanda sofort, dass er hier eine Vaterrolle einnehmen müsse. Vijaya war in eine Falle geraten; die Wilderer waren wohl gestört worden und hatten ihn am Leben gelassen, mit schweren Verletzungen am Rüssel. Ranger fanden den Bullen und in Pinnawela wurde er gesund, hatte Auslauf auf über zehn Hektar. Wie seine Artgenossen – derzeit werden gut fünfzig Elefanten im Waisenhaus aufgepäppelt und beschäftigt – stapfte Vijaya jeden Tag zweimal zum ausgiebigen Bad im Maha Oya, dem breiten Fluss unterhalb des Reservats, räkelte sich im kühlen Wasser, ließ sich von Suma den Rücken schrubben. Morgens um halb elf und nachmittags gegen halb vier strömen die Besucher von den Parkplätzen zum Hochufer, um solche Szenen zu fotografieren. Pinnawela gehört längst zu den Attraktionen auf Rundreisen durchs Land, beliebter als so manche antike Ruinenstadt.

Vijaya freundete sich mit »Kumari«, der Prinzessin, an, einer Elefantenkuh, die inzwischen auch zu einer Legende des Parks geworden ist. »Sukhumali«, die Schöne, entstand aus dieser Verbindung. Nur ein paar Monate gab Vijaya den liebevollen Vater, dann wurde er erst agressiv, später schwermütig. Also wurde der erfahrenste *mahout* geholt: »Mister Sumanabanda, übernehmen Sie!« Zwei Monate lang, Tag und Nacht, streichelte der Elefantenflüsterer den mächtigen Bullen, sprach sanft auf ihn ein, brachte ihn tatsächlich wieder zum Gehen, Anhalten, Hinlegen. Nach fast einem Vierteljahr, als Suma ihm den sanften Befehl »Bila« in eines der großen Ohren hauchte, knickte Vijaya gehorsam, wie er es früher getan hatte, ein Bein zurück, hielt dem *mahout* den Rüssel hin und ließ ihn aufsitzen. Aber das Böse hatte sich in seinem Schädel festgefressen. Mit vierunddreißig starb Vijaya an einem Gehirntumor, gerade mal halb so alt wie ceylonesische Elefanten im Durchschnitt werden. Suma war bis zur letzten Stunde bei ihm.

Im Bürgerkrieg der achtziger und neunziger Jahre gerieten Hunderte Elefanten zwischen die Fronten, wurden von Minen zerrissen, erschossen, in Fallen gelockt. Elfenbeinjäger machten sich das Chaos dieser Jahre zunutze, sie jagten die Tiere, wo sie sie kriegen konnten. Es war für sie wie ein blutiges Lotteriespiel, denn nur jeder zehnte männliche Elefant auf Sri Lanka trägt überhaupt Stoßzähne. Und nur die wenigsten sind wahre *tusker*, mit Elfenbeinhauern von über zwei Metern Länge. Aber schon lange vor dem Krieg und auch nach dem Waffenstillstand mussten und muss sich die klein gewordene Herde der frei lebenden Elefanten auf immer weniger Lebensraum einschränken. Die Bevölkerung auf der Insel wächst selbst für asiatische und andere Drittwelt-Verhältnisse unglaublich schnell. Die Felder wuchern in die letzten Reste des Regenwaldes, und wenn dann ein paar Kolosse auf der Suche nach Futter zum vierten oder fünften Mal die mühsam angelegten Bananenfelder, die Zäune und manchmal sogar die Hütten zertrampeln, pfeifen die Landleute auf den Natur- und Tierschutz. Die Gesetze sind streng, aber die Wildhüter schlecht ausgerüstet, schlecht bezahlt und also korrupt.

Während der britischen Kolonialherrschaft galt es lange als männlich und sportlich, Elefanten zu schießen, so viele wie nur möglich. Um die Mitte des 19. Jahrhunderts, als noch drei Viertel der Insel von Urwald bedeckt waren, Heimat von zwanzig-, dreißigtausend Elefanten, renommierten weiße Jäger in den Clubs mit ihren Abschusslisten. Die singhalesischen und tamilischen *boys* und Barmixer mussten zuhören und Drinks servieren, wenn wieder einmal ein Schlachtfest begossen wurde. Für sie, die Einheimischen, waren diese Tiere zu allen Zeiten nahezu heilige Symbole für Kraft, Weisheit und, vor allem für die Buddhisten, auch für Fruchtbarkeit.

Maya, Fürstin eines kleinen Himalaya-Reiches und Mutter von Siddharta Gautama, soll der Sage nach von einem göttlichen Wesen geschwängert worden sein, das ihr im Traum als weißer Elefant erschienen war. Gleich nach der Geburt des Knaben prophezeiten die weisen Männer des Landes, dass dieses Kind einmal die Welt von Leid und Unwissenheit befreien würde. Fünfunddreißig Jahre später war aus Siddharta Gautama der Erleuchtete geworden, der Buddha. Auf den so genannten Mondsteinen in Anuradhapura, Polonnaruwa und anderen antiken Stätten, den »Fußmatten« im Übergang zwischen materieller und sinnlich-göttlicher Ebene, stehen Elefanten im Kreislauf des Leidens für die Geburt. Und bis heute glauben viele Mahayana-Buddhisten, Anhänger einer reformierten Lehre, fest daran, dass der Buddha der Zukunft auf einem jungen weißen Elefanten in die Welt reiten wird.

Von so viel erhabener Symbolik wussten die britischen Sportleute nichts. Für sie zählten nur Prestige und Trophäen. Bis weit ins 20. Jahrhundert hinein fanden es auch bei uns manche Leute interessant, sich einen präparierten Elefantenfuß als Papierkorb oder Hocker neben den Kamin zu stellen. Hundert Jahre zuvor, um das Jahr 1840, genoss ein Major Thomas Rogers hohes Ansehen als Distriktsrichter und Rekordhalter im Töten von Elefanten: Auf tausendvierhundert Abschüsse soll er er es gebracht haben. K. J. Sumanabanda, der als Kind nur kurze Zeit eine Dorfschule besucht hat, kennt diese Geschichte. Er kennt alle Geschichten über seine Lebensgefährten. Deshalb weiß er auch, wie es mit Major Rogers weiter- oder besser gesagt, zu Ende ging. Als sich der Jäger bei einem Tropengewitter ins Rasthaus von Haputale flüchten wollte, fällte ihn ein Blitz. Man sieht es Suma, dem sensiblen Elefantenflüsterer an, dass er diesen Tod für eine Strafe der Götter hält. Und auch die Pointe erzählt man sich gern auf der Insel, nicht nur in *Mahout*-Kreisen: Als dieser Thomas Rogers, gerade mal einundvierzig Jahre alt geworden, sein Leben aushauchte, sollen ein paar Meter entfernt, am Waldesrand, mehrere Elefanten die Rüssel gehoben und mordsmäßig trompetet haben, mindestens zehn Minuten lang.

Im Hinterhof des Paradieses

Jaffna: Der Pater, die Witwe und ein »Tuk-tuk«-Fahrer

Damals, im Februar 1983, wenige Monate vor den nächtlichen Hetzjagden auf alle Tamilen in Colombo, mit denen der Bürgerkrieg seinen Anfang nahm. Wir waren lange in Richtung Norden gefahren. Bei Anuradhapura hatte das Land tropischgrün und voller Zauber gewirkt. Hinter Vavuniya, wo ein paar Jahre später die Zeltstädte für die Flüchtlinge aufgebaut werden sollten, leuchtete keine *dagoba* mehr aus der trockenen Ebene, kein legendengekrönter Hügel, kein Stausee aus der Zeit der großen Könige. Die Farben waren stumpf geworden, so lähmend wie die Hitze.

In Murukandi hatten sich die Lastwagen am Straßenrand gestaut, auch einige Busse hielten dort für eine Weile. Fahrer und fast alle Passagiere gingen zu einem mächtigen Palmenbaum. Um den Stamm herum war eine Hütte gebaut, vor der ein Feuer brannte. Diese Flamme schien den Menschen, die hier zusammenströmten, heilig zu sein. Die Kokoshütte war ein Hindutempel, hier begann das Land der Tamilen.

Die Gläubigen kauften sich Kokosnüsse, um sie auf einem Stein zu zerschlagen. Aus der Art, wie die Schale zerplatzte, konnten sie erfahren, ob ihnen dieser Tag, diese lange heiße Fahrt nach Jaffna, Glück bringen würde. Sie gingen im Uhrzeigersinn um die Hütte herum, nahmen von einer milchigen Flüssigkeit, die mit einem Holzscheit auf dem Stein zerrieben wurde, etwas auf den Zeigefinger und malten sich glückverheißende Zeichen auf die Stirn und an den Hals. Ein letzter Schritt zum Feuer, die Hände wurden vor der Brust gefaltet, dann setzten die Hindus ihre Reise fort.

Param, ein tamilischer Freund, hatte uns ins Dorf Pandateruppa gebracht, nicht weit von Jaffna entfernt. Er kannte dort eine Familie, die einen in Frankfurt lebenden Sohn und Bruder hatte. Wir hatten ein paar Wochen zuvor Kontakt mit ihm gehabt; jetzt sollten wir Grüße und ein paar Nachrichten überbringen. Wir waren mit Blütenkränzen empfangen und mit Tee und Mangos bewirtet worden. Auf dem Markt hatte es Gemüse im Überfluss gegeben, Auberginen, Bohnen, Bananen, Granatäpfel. Im Dorfladen trafen sich die Alten und die Frauen, man schwatzte über die Ernte und nahm erschrocken zur Kenntnis, dass die Astrologen blutrote Wolken über dem Land aufziehen sahen.

Wir hatten die Familie des »Frankfurters« zum Picknick an den Casuarina Beach eingeladen. Sie hatte sich revanchiert und war mit uns in einer Vollmondnacht zu einem Tempelfest am Stadtrand von Jaffna gefahren. Schwitzende, lachende Männer hatten riesige Götterfiguren an armdicken Seilen durch die Straßen gezogen, heilige Silben gerufen und ihre Fackeln dazu geschwenkt.

In den Dörfern hatten wir den Frauen zugeschaut, wie sie mit ihren Zink- und Tontöpfen an den Hüften oder auf dem Kopf den weit auseinander liegenden Brunnen zugestrebt waren; nördlich vom Elefantenpass gibt es wenig Süßwasser. Und dann waren wir irgendwann auf das Inselchen Kayts gekommen, und weiter auf das Inselchen Pungudutheevu. Von dort hatte uns eine hölzerne, altersschwache Fähre nach Delft gebracht, einer Insel, auf der damals tausend Menschen lebten und ein paar Dutzend wilder Ponys, Nachkommen jener Pferde, die die Holländer vor Jahrhunderten hier vergessen hatten. Es gab eine verfallene Festung aus der Zeit der Portugiesen, die vor den Holländern dort gewesen waren. Sie hatten dort nichts gefunden, kein Gold, keinen Pfeffer, kaum Heiden, die zu bekehren sich gelohnt hätte, nur Sand und Steppe.

Es waren schon immer entlegene Welten gewesen, die fernen Inseln in der Palk-Bucht, nicht mehr Sri Lanka, noch nicht Indien. Wir hatten einen kleinen Trecker gemietet, von dem wir angenommen hatten, er sei für eine Fahrt durch das Nirgendwo geeignet. Mitten in der Wüstenei mussten sich wohl Radmuttern gelöst haben, eine Achse brach. Wir waren danach eine Stunde lang durch die flirrende Hitze gelaufen, bis zu einem Busstopp in der Einsamkeit. Dort hatten wir einen Hindupriester getroffen, einen heiligen Mann in safranfarbener Robe, der über der halbnackten Brust die Schnur des Zweimalgeborenen trug.

Dieser Brahmane hatte uns überredet, mit ihm nach Nayinatiwu überzusetzen, ein weiteres Inselchen hinterm Horizont. Der Priester und wir, die wir spontan zu Ehrengästen erklärt worden waren, wurden mit Blumengirlanden und Schellenmusik empfangen. Vor dem Tempel hatten sich Tausende weiß und orange gekleidete Pilger gedrängt, Frauen zumeist, und fast alle hatten Säuglinge auf dem Arm. Es waren buddhistische Frauen und Hindu-Tamilen, einfache Landleute. Sie hielten ihre wenige Tage alten Kinder der fischköpfigen Göttin Menakshi entgegen, einer Erscheinung Parvatis, der Gattin Shivas. Und Menakshi, deren wichtigster Tempel in der heiligen Stadt Madurai, drüben in Tamil Nadu, jedes Jahr Millionen anzieht, hatte damals alle gesegnet: die Kinder Buddhas und die Kinder Shivas, womöglich auch uns, die wir die Vorhersagen der Astrologen schnell vergessen hatten.

*

Flughafen Jaffna, einundzwanzig Jahre später, in der Hitze des Sommers. Hochsicherheitszone, in die kein Taxi und auch kein Privatwagen fahren darf, Stacheldraht, gepanzerte Busse, Sandsäcke, Militär. Thayaparan, als Fahrer bei den deutschen Entwicklungshelfern von der GTZ (Gesellschaft für technische Zusammenarbeit) angestellt, holt mich ab. Ein Soldat mustert meine Tasche und steigt dann mit seinem Maschinengewehr zu uns in den Geländewagen. Thayaparan, einunddreißig Jahre alt, hat von 1992 bis 1995 in Jaffna studiert. Danach war ein Studium im Norden nicht mehr möglich. Das Haus seines Vaters war zerstört, ein Bruder kämpfte bei den Rebellen, den Tigern. Die Eltern und drei Brüder zogen in ein Flüchtlingslager im »Vanni«, der Tamilenregion südlich der Halbinsel Jaffna. Sie erkrankten alle an Malaria und Thayaparan, der inzwischen in Perediniya bei Kandy lebte, schmuggelte Medizin ins Lager. Er musste sie auf dem Schwarzmarkt kaufen, eine Tablette für zwanzig Rupien; vor dem Krieg hatte das Medikament weniger als eine Rupie gekostet.

Wir rollen durch ein verwüstetes Land in eine vernarbte Stadt. Hunderttausend Häuser sind in der Provinz Jaffna zerstört worden in den Jahren bis zum Waffenstillstand. Die GTZ und ihre einheimischen Helfer setzen beim Wiederaufbau an der Basis an; sie bauen Brunnen, Wasserleitungen, Schulen und sie sorgen dafür, dass die Ärmsten der Armen, die seit Jahren in Zelten wohnen, ein festes Dach über dem Kopf bekommen.

Jaffna, über lange Zeit eine fast tote Stadt, lebt wieder, allerdings Lichtjahre entfernt von Colombo. Die Leute haben hier, so scheint es, viel Zeit, auf dem Markt die Qualität der schwarzen Mango zu prüfen, die jetzt im August Saison hat. Chili in allen Rotvarianten wird aus Säcken angeboten und auf gusseisernen Waagen austariert. Auf den Basaren zwischen Stanley Street und Hospital Road, dem Quartier der Moslems, geht es beschaulich zu. Flechtwaren aus Kokos haben ihre Standreihe, billige Textilien werden in der nächsten »Gasse« angeboten, Gewürze um die Ecke.

Fahrräder und *threewheeler*, die Dreirad-Rikschas der indischen und hinterindischen Welt, bestimmen das Straßenbild, dazu ein paar Lastwagen. Die schweren, auffällig chromglänzenden Geländefahrzeuge – Nissan Patrol, Mitsubishi und Landcruiser – gehören dem Flüchtlingswerk der Vereinten Nationen, dem Internationalen Roten Kreuz, der GTZ. Der Besucher wird freundlich-zurückhaltend, fast staunend gegrüßt. Gespräche entwickeln sich nur zögernd. Einige sehr alte, sehr gepflegte britische Wagen, Morris Oxford oder Austin Cambridge, rollen langsam über die staubigen Straßen. Ihre Besitzer, ältere Herren zumeist, mögen Lehrer sein, Professoren, Anwälte; sie alle wirken in ihren weißen Gewändern wie Statisten eines nostalgischen Films, der das alte Indien in langsamen Einstellungen zeigt.

Pater Jeyakumar, Direktor des Human Development Center (HUDEC), fährt auch so einen Oldtimer, einen Morris Minor, der bei uns Liebhaberpreise erzielen würde. In Jaffna fällt der Wagen kaum auf; der Pater liebt ihn zwar, hat aber immer größere Mühe, Ersatzteile zu finden. Er hat das Auto von seinem Vater geerbt, als er vor dreißig Jahren vom Studium in Rom nach Jaffna zurückkam. Seit drei Generationen sind die Jeyakumars katholisch, wie sechshunderttausend andere Tamilen im Norden von Sri Lanka. Seine HUDEC-Organisation gehört zur weltweiten Caritas. Ihre Zielrichtung sei »soziale Harmonie«, sagt der kleine, quirlige Mann in der weißen Soutane.

Weil im Bürgerkrieg Kinder und Frauen am meisten gelitten haben, kümmert sich die HUDEC vorwiegend um sie, entwurzelte Waisen und junge Witwen, die es auf dem Land am schwersten haben, in einer Hindukultur, die auch die Christen geprägt hat. Die HUDEC-Helfer kümmern sich im Bistum Jaffna um zweiundzwanzigtausend Kriegswitwen, mehrheitlich Hindufrauen, ein paar Tausend Christinnen, auch einige wenige Buddhistinnen sind dabei.

Sheila war siebzehn und seit einem Jahr verheiratet, als ihr Mann von einem Marineboot beschossen und getötet wurde. Er war Fischer, nichts sonst. Als die Schüsse fielen, hatte er gerade sein Netz ausgeworfen, einen Kilometer vor Point Pedro, Sri Lankas nördlichstem Punkt. Sheilas Tochter war noch ein Säugling, ein paar Wochen alt, als die Nachbarn den Leichnam des Vaters in ihre Hütte brachten. Das alles liegt jetzt neun Jahre zurück.

Heute leitet Sheila eine von siebenundfünfzig Gruppen junger Frauen, Hindus die meisten, einige Christinnen wie sie gehören auch dazu. Der Pater und sein Bischof fragen nicht nach der Religion. Es geht ihnen darum, den Witwen neuen Lebensmut zu vermitteln, sie auch ganz praktisch zu stärken, zum Beispiel im Umgang mit Banken. Sheila hat ein *housing programme* aufgebaut. Mit Hilfe des Paters, seiner Reputation und seiner Organisation, sucht sie nach Unterkünften und Grundstücken für Frauen, die ein ähnliches Schicksal wie sie haben. Mit einem Dutzend Mitstreiterinnen produziert sie außerdem Postkarten, Seidenblumen, Knallfrösche und kleines Kunstgewerbe, das in Jaffna auf dem Basar verkauft wird. Viel Geld bringt das nicht ein, aber jede Menge Selbstvertrauen und einen respektierten Platz im Dorfalltag. So tragen die jungen Frauen neuerdings bunte Kleider und farbenfrohe T-Shirts, nicht mehr die weißen *saris*, die Witwen eigentlich von der Tradition vorgeschrieben sind. In ihrer Nachbarschaft haben sich sogar die Brahmanen, die gelehrten und konservativen Hüter des Glaubens aus der obersten Hindukaste, daran gewöhnt, dass Sheila mit einem Moped durchs Dorf knattert.

Das Land um Jaffna wirkt ausgelaugt von der Hitze, verbrannt auch vom Krieg. Aber der Rasen zwischen den zweitausenddreihundert Grabstellen auf dem Friedhof der »LTTE-Helden«, der toten Tiger-Rebellen, grünt frisch und saftig. Auch die Blumenrabatten stehen in leuchtenden Farben, von Sprenklern bewässert. Mehr als zwanzigtausend *boys* liegen hier begraben, die meisten in Massengräbern. Nur ihr Name, ihr Kadergrad und der Tag ihres Todes, alles in tamilischer Schrift, erinnern an die toten Kämpfer. Ihr Alter hat man nicht aufgeschrieben; viele waren noch Kinder, von der Schulbank in den Schützengraben gezerrt, zwischen zwölf und sechzehn Jahre alt.

Anthony Palay ist am Leben geblieben. Er war dreiundzwanzig, als er 1999 bei Vavuniya sein linkes Bein verlor. Jetzt ist er Friedhofswärter, sitzt im Schatten eines Holzverschlags und unter dem Bild des seinerzeit noch unumstrittenen LTTE-Führers Prabhakaran, eines Mannes, dessen Grausamkeit und Terror – auch gegen die eigenen Landsleute – heute vielerorts in Asien und anderen Teilen der Welt mit Pol Pot und Osama bin Laden verglichen wird. Anthony lächelt verlegen, als wir ein Gespräch mit ihm suchen. Was gibt es auch schon zu sagen vor diesen Gräberreihen. Bevor wir gehen, schenkt uns der LTTE-Kämpfer eine Frangipaniblüte.

Nichts von der tropischen Vielfalt des Südens leuchtet aus dem Staubgrau, das die Region Jaffna wie eine Folie einhüllt. Aber die Bibliothek, ein blendend weißer Protzbau im Mogulstil, zwischen dem Uhrturm und der völlig zerstörten Festung aus portugiesisch-niederländischer Zeit, glitzert wieder wie eine Fata Morgana. Hunderttausend Bücher waren in Flammen aufgegangen, als am 1. Juni 1981 der Mob das Gebäude angezündet hatte. Pater David Thavidhu, ein gelehrter Liebhaber alter Schriften, wollte sich auch an jenem Tag in seine Bücher vertiefen. Als er die Flammen aus der Bibliothek schlagen sah, brach es ihm das Herz. Er war eines der ersten Opfer des Bürgerkriegs, noch bevor dieser überhaupt begonnen hatte.

Am Platz vor dem Neubau, der wieder dreißigtausend Werke beherbergt, wartet Yathusan häufig auf Kundschaft. Er ist *Tuk-tuk*-Fahrer. Seine dreirädrige Motor-Rikscha hat er vor zwei Jahren für etwa achthundert Euro aus zweiter Hand gekauft. Damals war er neunzehn und der Job als Gehilfe in der Schneiderei seines Vaters hatte ihm keinen Spaß mehr gemacht. Er wollte Leute kennen lernen, interessante Fahrgäste. Aber die Touristen, auf die er gehofft hatte, kamen nicht bis Jaffna. Und die Ausländer, die hier arbeiten, die Ingenieure, Ärzte, Geldverteiler – sie fahren meistens in ihren eigenen Autos und mit Chauffeuren über Land.

An guten Tagen sind es zwanzig, auch mal dreißig Passagiere, die Yathusan zum Markt bringt, zum Tempel, in einen der Vororte, wo die Gästehäuser der internationalen Organisationen stehen. Aber es gibt zu viele Tage, an denen Yathusan vergeblich auf nur einen einzigen Fahrgast wartet. Dann spielt er Volleyball mit seinen Freunden oder er legt sich auf die abgewetzten Sitze seines Vehikels und träumt von Kanada. Dort wohnt sein Onkel, und ein anderer schreibt manchmal eine Karte aus Australien. Das *Tuk-tuk* hat eine Bank finanziert, der Vater hat dafür mit seiner Werkstatt gebürgt. Es wird wohl noch zwei Jahre dauern, bis alles abbezahlt ist.

Es ist, als zöge der Fahrtwind auf der kleinen Reise mit Yathusan die Folie von der Halbinsel. Dieser Wind weht uns auch die Gerüche Indiens in das offene Dreirad-Taxi. Die Szenen in den Dörfern erinnern an Tamil Nadu, die indische Provinz, die um vieles näher liegt als Colombo, als überhaupt das königlich-leuchtende Land im Süden. Auf einmal sind da wieder die vertrauten Bilder: dunkelhäutige, abgearbeitete Frauen, die an den Brunnen warten, Frauen, die schwer an ihren Wasserkrügen tragen und andere, die lächelnd vor ihren Hütten hocken und den Reis stampfen.

In Kantharodai, ein paar Kilometer nördlich von Jaffna, quellen fünfzig *stupas*, uralte Heiligenschreine, wie Kalksteinblasen aus einem grasüberwucherten Brachland. Lange vor unserer Zeitrechnung haben Singhalesen hier, wie auf dem Adam's Peak, einen Fußabdruck verehrt, den sie Buddha zuschrieben. Der Tempel im Land der Tamilen geriet in Vergessenheit, aber nun auf einmal, nach Hunderten von Jahren im Abseits, soll eine *dagoba* gebaut werden, soll neues buddhistisches Leben einziehen. Die Tamilen aus der Nachbarschaft sind nicht glücklich über diese Pläne aus dem Süden. Ihr eigenes Heiligtum, dem Gott Shiva, Zerstörer und Erneuerer im dichtbevölkerten Hindupantheon geweiht, hat die Armee im Krieg zerstört, es ist noch nicht vollends aufgebaut. Das Dorf der Gemüsebauern ist arm, es hat gerade erst Wasseranschluss bekommen.

Ein anderer, unzerstörter Hindutempel, in Kallipuram, nicht weit vom Leuchtturm Point Pedro entfernt, soll zweitausend Jahre alt sein. Drückende Hitze lastet über dem Platz vor dem Torturm. Im Eingang zur »Garage« für die großen Tempelwagen, die demnächst in den Vollmondnächten herausgezogen werden, dösen Katzen vor sich hin. Krüppel mit freiem Oberkörper, aus dem die Rippen drängen, schleppen sich durch den Staub und Krähen scheuchen hin und wieder magere Hunde auf, die im Schatten eines riesigen Bodhibaumes lungern.

Wir laden Yathusan zu einer Teepause ein, und er revanchiert sich mit ein paar der besten Mangos der Welt. Es war ein guter Nachmittag für uns und für ihn, den *Tuk-tuk*-Fahrer. Deswegen beschließen wir den Tag am berühmten Kandaswami-Tempel im Vorort Nallur, dem wichtigsten Pilgerziel aller Hindus in Jaffna. Seit über fünfhundert Jahren beten sie hier, nur einmal nachhaltig gestört von den Portugiesen, die im 17. Jahrhundert Feuer an das Heiligtum legten. Auch hier wartet ein gewaltiger Tempelwagen darauf, zu den großen Feiern an Vollmond durch die Nachbarschaft gezogen zu werden. Hunderttausende säumen dann die Straßen. Sie alle hoffen auf ein bisschen Glück und Frieden, das ihnen ausgerechnet der Kriegsgott bringen soll. Im Süden wird er Kataragama oder Skanda genannt, im Norden haben die Gläubigen noch mehr Namen für Ganeshas kleinen Bruder. Sie verehren ihn zum Beispiel als Murugam oder auch als Subramaniam, wie am indischen Ufer der Palk-Wasserstraße.

Lastwagen stoppen für ein paar Minuten auf dem großen Platz vor dem Tempel; ihre Fahrer springen aus dem offenen Führerhaus, heben die Arme über den Kopf wie zum Sonnengruß, andere halten die Hände kurz über die Flamme, die vor dem Gopuram, dem Torturm, aus einer eisernen Schale lodert. Und fast alle zerschmettern Kokosnüsse auf einem Stein, prüfen genau die zersplitterten Schalen, machen segnende Bewegungen zwischen der kaputten Kokosnuss, der ewigen Flamme und dem Kühler ihres schweren Trucks. Auch Yathusan wirft eine harte Nuss in viele Stücke, freut sich über das Ergebnis, »wäscht« seine Hände im Feuer und trägt den Segen zu seinem *tuk-tuk,* das ihn so mühsam nur ernährt. Vielleicht ist er heute einen Schritt weitergekommen auf seinem Weg nach Kanada.

Klicke-di-klack durchs Bergland

In großen Zügen zurück in die Vergangenheit

> *»Die Karte von Ceylons Straßen und Eisenbahnlinien ähnelt einem kleinen Garten voller dahinflitzender roter und schwarzer Vögel.«*
>
> MICHAEL ONDAATJE,
> Es liegt in der Familie

Der 3. August 1858 war ein schwülheißer Tag mitten in der Monsunzeit. Sir Henry Ward, Gouverneur der Kronkolonie Ceylon, muss mächtig geschwitzt haben, als er, standesgemäß gekleidet mit schwarzem Cut, Hut und Degen, am nordöstlichen Stadtrand von Colombo den ersten Spatenstich für eine Eisenbahnroute ins Hochland ansetzte. Queen Victoria saß zu der Zeit schon einundzwanzig Jahre auf dem Thron in England, und niemand hätte damals gedacht, dass sie noch weitere dreiundzwanzig Jahre die Regentschaft über das britische Empire ausüben würde. Die ferne Insel Ceylon, von deren Mythen und Magie sie sich gern erzählen ließ, war ihr ein Juwel in der Krone. Und dass es den Kaffeepflanzern, die allesamt ihre Untertanen waren, so gut ging wie nie zuvor (und auch wie nie wieder danach, denn schon zwölf Jahre später zerstörten Ratten und, schlimmer noch, ein Rostpilz, die Plantagen), das freute die Königin und erst recht die Banker und Börsianer in London. Es war also nicht schwer, staatliche und private Investoren für ehrgeizige Eisenbahnpläne zu finden: zweihundertachtundfünfzigtausend Pfund Sterling kostete das erste Teilstück – vierundfünfzig Kilometer bis Ambepussa. Als schließlich, am 26. April 1867, nach ingeniösen Meisterleistungen und weiteren achthunderttausend Pfund Sterling, der Premierenzug von Colombo nach Kandy dampfte, gut hundertzehn Kilometer von Null auf über fünfhundert Meter Höhe, durch Urwälder, über ungebändigte Ströme und über Brücken, die noch heute als Wunderwerke der Technik gelten, konnte die Plantagenwirtschaft – kurz vor ihrer Umwandlung in *tea estates* und Gewürzgärten – endgültig zur vollen Blüte gelangen. Ingenieure wie W. T. Doyne und Captain Moorsum hatten mit ihren Leuten dem Fieber getrotzt, den wilden Tieren, die es damals auch zwischen Colombo und Kandy noch reichlich gab, und den Naturgewalten. Es war eine weit größere Herausforderung, hier in Asien eine Eisenbahn durch dichten Urwald die Berge hochklettern zu lassen, als sie, wie ein paar Jahre zuvor, zwischen Liverpool und Manchester oder zwischen Nürnberg und Fürth auf einen geraden Schienenstrang zu setzen.

*

Gunana Prakasam ist Pensionär. Wir sitzen nebeneinander im *observation car* auf der Bahnreise nach Kandy. Der alte Herr, liebenswürdig und höflich, hat mir seinen Fensterplatz überlassen; er ist unterwegs zu seiner Tochter, die in ein Dorf im Bergland geheiratet hat. Gunana Prakasam hat über vierzig Jahre bei der Post gearbeitet, zuerst als Briefträger, schließlich im gehobenen Dienst, als Leiter eines Zustellbezirks im Stadtteil Wellawatte. Etwa sechzig Euro, umgerechnet, hat er dort zuletzt verdient. Jetzt, zehn Jahre später, lebt er mit seiner Frau in einer kleinen Wohnung, nicht weit von der alten Arbeitsstelle entfernt. Er bekommt neunzig Prozent seiner früheren Bezüge, eine gute Pension in diesem Land. Und er darf, weil er ein Leben lang dem Staat gedient hat, die Eisenbahn so gut wie kostenlos benutzen, auch in der ersten Klasse, auch im Aussichtswagen, den ansonsten vorwiegend Touristen buchen.

Das tut Herr Prakasam gern und oft. Zwar hat er als alter Postler natürlich Briefmarken gesammelt, aber wirklich wichtig, das sagt er selbst, war ihm sein anderes Hobby: Gunana Prakasam ist Eisenbahnfreak, ein Kenner der Geschichte dieses Verkehrsmittels, ein korrekt gekleideter und bescheidener Abenteurer des Schienenstrangs.

Wir waren in aller Herrgottsfrühe im Gewühl des Hauptstadt-Bahnhofs Fort ins Gespräch gekommen. Beide mussten wir uns an den Menschenmassen vor den Schaltern der dritten Klasse vorbeidrängen (zweihundertfünfzigtausend Sri Lanker fahren jeden Tag mit der

Bahn, die meisten von Colombo aus). Im Aussichtswagen war es noch dunkel, als wir unsere Plätze suchten. Erst als, wie jeden Tag um sieben Uhr, die Lokomotive den Zug ruckelnd aus der Station schob, ging auch im *observation car* das Licht an. Langsam und mit dröhnenden Signalen rollte der Kandy-Express in den Morgen, vorbei an den Vororten der kleinen Leute, an Schranken, vor denen sich die Fahrradpulks stauten, schon bald an Reisfeldern, auf denen gerade die *Maha*-Saison begonnen hatte, die große Frühjahrsernte. Hütten unter Palmen, Ochsenkarren im Schlamm, Dreirad-Taxis mit umfangreichen Moslemdamen oder mit ganzen Gruppen von Schulkindern überbelegt, Lastenträger, barhäuptige Mönche in ihren gelben Roben, den Regenschirm achtsam über dem Arm: Bilder wie aus dem alten Ceylon, deren Zauberkraft auch im 21. Jahrhundert noch wirkt.

In Gampaha hält der Zug das erste Mal und als ich mich wundere, dass kaum jemand aus- oder einsteigt, flüstert mir Herr Prakasam hinter vorgehaltener Zeitung zu, dass der Express nur stoppt, weil die Präsidentin hier zu Hause ist; der Clan der Bandaranaikes stammt aus diesem Ort. Mein Reisegefährte unterhält sich gern mit mir und in gutem Englisch, aber nicht laut; am liebsten spricht er über Brücken, Tunnel und Viadukte, über 2'C-Maschinen und Tenderloks wie sie beim Touristenzug Viceroy Special noch hin und wieder eingesetzt werden.

Erst als ich ein paar Worte auf Tamil sage, erzählt der alte Mann etwas mehr von sich und seiner Familie. Es hat ihn wohl gefreut, dass ich seine Herkunft an seinem Familiennamen erkannt habe (am Aussehen kann kaum ein Ausländer Singhalesen und Tamilen auseinander halten). Die Eltern und alle anderen Vorfahren von Gunana Prakasam haben jahrhundertelang als Gemüsebauern auf der Jaffna-Halbinsel gelebt. Im Bürgerkrieg, Anfang der neunziger Jahre, gingen dort oben im Norden alle Höfe und Häuser seiner Verwandten, auch sein Erbe, in Flammen auf. Auf dem Land seiner Altvorderen hatten erst die *boys*, die jungen Terroristen der Tamil-Tiger-Bewegung, ein Ausbildungscamp errichtet. Später bauten Regierung und Rotes Kreuz dort ein Flüchtlingslager.

Für meinen Eisenbahnfreund ist das längst Geschichte, wie er sagt. Er hat die schlimmen Jahre überlebt, seine Frau, seine Kinder sind gesund geblieben, das allein zählt. Und er betont, vielleicht eine Spur zu beflissen, dass seine singhalesischen Nachbarn und Kollegen ihn nie im Stich gelassen hätten. Gleich darauf zeigt er aus dem Fenster, deutet auf die tief eingeschnittenen Täler, auf immer steilere Reisterrassen.

Alle zweiundzwanzig Passagiere des *observation car* hängen am Fenster, atemlos, als sich der Zug im Klicke-di-klack-Rhythmus über den Pass von Ihalakotte quält. Auch der Bible Rock, ein Tafelberg, der wie ein graues, aufgeschlagenes Buch aus dem dunklen Grün des Urwalds ragt, lässt die kleine Gemeinschaft, die sich immer lebhafter im Sturm der Deckenventilatoren die Wunder vor dem Fenster zuruft, staunen.

In Peradeniya Junction, kurz vor Kandy, steigt Herr Prakasam aus; den restlichen Weg zu Tochter, Schwiegersohn und jüngstem Enkel wird er mit dem Bus zurücklegen. Vorher habe ich ihm noch erzählt, wie ich früher manche Bahnfahrten durchs hohe Bergland – von Badulla oder Bandarawela bis Nanu Oya zum Beispiel – erlebt habe. Damals, Mitte der achtziger Jahre, waren die Bahnsteige im Teeland vor lauter Menschen zuweilen kaum zu sehen, besonders oft geschah dies in Haputale, im Zentrum des Plantagenlandes. Kreischende, weinende Frauen drängten sich um Familien, die mit ärmlichen Bündeln in die Abteile der dritten Klasse drängten.

Es waren tamilische Tagelöhner, Teepflücker zumeist, die nach Indien ausreisten, in eine ungewisse Zukunft. Millionen indischer Vertragsarbeiter, einst von den Briten ins Land geholt, hatten noch Jahrzehnte nach der Unabhängigkeit der Insel (1948) keinen ceylonesischen Pass und erst recht keinen indischen. Als Indira Gandhi für ihre »Landsleute« dann doch eine Rückkehrmöglichkeit ausgehandelt hatte, wollten aber nur dreihunderttausend *Indian Tamils*, wie sie in Sri Lanka genannt werden, in die Heimat ihrer Vorfahren zurück. Letztlich machten sich nicht einmal hunderttausend Südinder über die Palkstraße auf ins benachbarte Tamil Nadu. Von den vielen armen Schluckern, die einen ceylonesischen Pass beantragt hatten, bekamen ihn nur wenige.

Das Leben auf der schönsten Bahnstrecke durch die Berge, eine der spannendsten in ganz Asien, spiegelt das Leben draußen wider: in den Feldern und den tristen Straßendörfern mit ihren schmucklosen Tempeln und dem einfachen Angebot der Kramläden. Da kauern Mütter mit kleinen Kindern auf den Freiluft-Austritten zwischen den Waggons, vielleicht auf dem Weg ins nächste Krankenhaus. Fromme Hindus, mit drei waagerechten weißen Strichen auf der Stirn und dem »Dritten Auge« über der Nasenwurzel als Shiva-Anhänger ausgewiesen, fahren ein paar Stationen mit; ihr Ziel mag ein Tempelfest sein, irgendwo am verregneten Ende der Welt.

In der zweiten Klasse nähern sich einheimische und ausländische Fahrgäste ziemlich schnell an. Vor allem die Schulkinder sind es, die anfangs schüchtern, aber schon bald nervigneugierig nach dem Woher und Wohin fragen. Fotos von zu Hause werden kichernd herumgereicht (besonders gut kommen Winterbilder an, mit Schneemännern und weißen Landschaften). Tee- und Erdnussverkäufer ziehen klingelnd und schreiend durch den Zug. Im Imbisswagen werden knusprige *rotis* gebacken, Fladenbrote aus Kokosflocken und Reismehl. Schwitzende, fröhliche Köche formen sie zu Klumpen in Golfballgröße, schütten *Curry*-Sauce drüber und dunkelgeröstete Gewürze von höllischer Schärfe. Serviert wird auf Zeitungspapier.

Vor achtzig Jahren allerdings müssen die Eisenbahn-Abenteuer von anderem Kaliber gewesen sein. Michael Ondaatje, kanadischer Schriftsteller tamilisch-singhalesisch-holländischer Herkunft und wunderbarer Erzähler ceylonesischer Schicksale und Skurrilitäten, berichtet jedenfalls über seinen Vater, »der sein ganzes Leben mit einer Besessenheit für die Eisenbahn geschlagen zu sein schien …«: »Es begann ganz harmlos. Als er etwa Mitte Zwanzig war, zog er seine Armeepistole, scheuchte einen erschrockenen Offizierskameraden unter den Sitz, wanderte durch die schlingernden Waggons und drohte, den Lokführer zu erschießen, wenn er den Zug nicht anhielte. Der Zug hielt um halb acht in der Frühe fünfzehn Kilometer außerhalb von Colombo. Mein Vater erklärte, er erwarte sich eine angenehme Reise, und wollte, dass sein guter Freund Arthur von Langenberg, der den Zug verpasst hatte, sie gemeinsam mit ihm genoss … Nach zweistündiger Verspätung kam Arthur … mein Vater steckte die Pistole weg, und der Zug setzte seine Fahrt nach Trincomalee fort.«

Womöglich haben die Veranstalter einer Nostalgiereise mit dem Viceroy Special an solche Eventualitäten gedacht, als sie nicht nur »den Einsatz von alten Dampftriebwagen auf Schmalspurgleis-Reststücken« versprachen, sondern auch versicherten, immerhin im Jahr 2004 und allen Ernstes: »Die Reise ist so angelegt, dass man relativ bedenkenlos auch seine Frau beziehungsweise Freundin mitnehmen kann.«

Hermann Hesse, Hagenbeck und Herr Hausotter

Deutsche auf Ceylon

Was für Karrieren: Heinz Hausotter war Steuerberater in Unterfranken, in einem früheren Leben, das ziemlich klar geregelt war: Zehnstundentag, einmal die Woche Stammtisch, samstags Sportschau. Jetzt züchtet Herr Hausotter Ananas im Süden Sri Lankas. Er schaut nach, ob der Reis gut steht, sein Reis, auf seinem Feld. Heinz Hausotter behält die Kokospreise im Auge, denn seine siebenhundert Palmen werfen gute Nüsse ab. Außerdem – nein: vor allem – beliefert er die meisten Hotels und *Ayurveda*-Resorts zwischen Negombo und Unawatuna mit Misch- und Körnerbrot nach deutscher Art. Seine Restaurantgäste, ihm gehört auch der beste Imbiss weit und breit, versorgt er überdies mit aktuellen Ausflugstipps. Heinz Hausotter ist Plantagenbesitzer, Bäcker, Chef von fast hundert Angestellten und Vater dreier hübscher Töchter. Alles läuft rund. Nur die Lizenz zum Bierausschank, die verweigert ihm die Regierung noch. Aber er wird sie bald bekommen, da darf man sicher sein.

Volker Bethke, promovierter Ökonom aus Hamburg, hat Unternehmen und Institutionen in aller Welt beraten. Er hat, ebenfalls in einem früheren Leben, das Marketing eines deutschen Großunternehmens mitbestimmt, und er trägt die Ideale der Achtundsechziger im Herzen, wenigstens ein bisschen die Welt verbessern zu wollen. Ein professionelles Entwicklungsprojekt brachte ihn vor zwanzig Jahren auf die Insel, auf der seit alten Zeiten das Paradies gesucht wurde.

Der Kaufmann und *consultant manager* fand hier immerhin seine Frau – und ein Grundstück in der ehemaligen Königsstadt Kandy, hoch über dem Mahaweli-Fluss gelegen, sozusagen einen persönlichen Garten Eden. Aber als die Residenz endlich fertig war, kam sich die Familie doch etwas verloren vor in dem großen Haus. Bethke, so pragmatisch wie begeisterungsfähig, fand es auch schade, wenn nicht Freunde und Gäste diesen Platz mit ihm teilen würden. Also wurde aus dem Privathaus Bethke die Villa Rosa, wohl das charmanteste Boutique-Hotel der Insel; sechs Zimmer nur, alle unterschiedlich ausgestattet, die meisten mit großer Terrasse oder einem Balkon.

Viele Herbergen auf der Insel bieten schöne Aussichten. Doktor Bethke aber hat aus seiner Villa zusätzlich einen Treffpunkt gemacht, eine Plattform für Menschen, die sich etwas zu sagen haben. Manchmal lädt er Gäste zu Gästen ein, einen moslemischen Juwelier, einen Priester aus dem Zahntempel, Künstler, Entwicklungshelfer, und immer wieder gern ein deutsches Ehepaar, das auf der lebenslangen Suche nach Erkenntnis in Kandy vor Anker gegangen ist.

Ingeborg und und Götz Nitzsche haben vor zwanzig Jahren das erste Mal Urlaub auf Sri Lanka gemacht, danach noch weitere sieben Mal, jeden Winter ein paar Wochen länger. Seit 1992 leben sie auf Buddhas Insel, neuerdings in einer Art Eremitage, einem verwunschenen, jahrhundertealten Haus im Wald, sehr weit weg vom Lärm der Welt. Götz war einmal Jurist bei einer großen Versicherung, Ingeborg, auch studierte Juristin, leitete in ihrem früheren Leben die Bibliothek eines wissenschaftlichen Instituts in Süddeutschland. Beide bemühen sich sehr engagiert, dem achtfachen Pfad zu folgen, den Buddha gelehrt hat.

Lange vor den ersten Pauschaltouristen haben Deutsche diese Insel besucht. Sie kamen als Söldner in holländischen Kolonialdiensten, sie waren Naturforscher, Hoteliers, Kaufleute und Tierfänger, sie ließen sich als frühe Aussteiger, als Missionare und, wie Götz und Ingeborg, als Jünger des Erleuchteten am Teich der roten Lotusblüten nieder.

»So wird auch dafür gehalten, dass Ceilon ein Theil vom Paradieß gewesen seyn. Die Insul ist über alle Maßen reich an Erd- und Baumfrüchten, Vieh und Vogeln, auch werden daselbst Edelgesteine gefunden, sonderlich Rubinen, Smaragden, Türckis und Saphire …« Das hat im 17. Jahrhundert ein Johann von der Behr notiert, ein Leipziger, der sich von 1641 bis 1650 in holländischen Diensten in Asien herumtrieb.

Solche Hinweise auf die Pracht der Edelsteine, auf die üppige Natur, auch auf »Heyderei und Götzendienst«, finden sich in den meisten Reisebüchern der sehr frühen Jahre. Erst mit den großen Naturforschern und Indologen, mit Ernst Haeckel und Wilhelm Geiger, wurden die Berichte genauer, aber nicht weniger schwärmerisch. So beschreibt etwa Wilhelm Geiger einen Bungalow, nämlich das Haus Lichtenstein der Familie Boehringer, der hier um die vorige Jahrhundertwende ein deutsches Handelshaus gehörte:

»Aus dem Dining-room führen drei Ausgänge, die nachts durch Thüren und vorgelegte Balken verschlossen wurden, auf die Veranda. ... (dort) stehen auch die bequemen Longchairs, auf denen wir so manchesmal nach dem Dinner plaudernd oder träumend ruhten und die herrliche Luft der Tropennacht genossen. Der Wind rauschte dazu in den Kronen der Palmen, und das Mondlicht zeichnete die phantastischen Schatten ihrer Blätter auf den Boden ...«

Auch John Hagenbeck führte so ein gastfreundliches Haus. Der Kaufmann, Schiffsausrüster und Tierfänger aus der berühmten Hamburger Zoo- und Zirkusdynastie lebte bis zum Ausbruch des Ersten Weltkriegs »Fünfundzwanzig Jahre in Ceylon« (so hieß ein Buch von ihm, ein Bestseller der zwanziger Jahre). Damals waren Einheimische noch Eingeborene, Priester und Heilkundige wurden Medizinmänner, Tagelöhner Kulis genannt. Hagenbeck hebt hervor, dass er jedenfalls »anständig und höflich« mit den Insulanern umgegangen sei, nicht »jenen dünkelhaften Herrenstandpunkt hervorkehrte, den manche Europäer ... gern betonen«. Das waren vor über achtzig Jahren nicht die üblichen Töne.

Der Dichter und spätere Nobelpreisträger Hermann Hesse rief 1911, beim ersten Anlegen seines Dampfers im Hafen von Colombo, aus: »Wahrlich, dieses ist das Paradies ...« Hier und in Indien ließ er sich zu seinem buddhistischen Märchen »Siddharta« anregen. Er bewunderte zwar die Engländer vor Ort (»geniale Kolonisatoren«), verachtete sie aber auch, ähnlich wie John Hagenbeck, »weil sie reich sind ... es macht ihnen ein Hauptvergnügen, dem Untergang der von ihnen erdrückten Völker zuzuschauen ...«

Mit der an Servilität grenzenden Freundlichkeit und manchmal sogar als aufdringlich empfundenen Neugier der Singhalesen, die auch viele Touristen unserer Zeit verwirren, kam er allerdings nicht zurecht. Er schilderte sie am Beispiel eines »Herrn ... mit tiefschwarzem Haar, braunen, traurigen Augen ... wohlgepflegter Höflichkeit und zarter buddhistischer Sanftmut ... sein Bild ist mir stärker eingeprägt als alle Palmen und Bambusse, Tempel und Elefanten«.

Andere ließen sich gar nicht erst ablenken. Anton Gueth, Musiker aus Wiesbaden, kam im selben Jahr wie Hermann Hesse nach Ceylon. Da war er aber bereits ein (in Burma) ordinierter Mönch, der erste Deutsche im Theravada-Buddhismus. Als Bhikkhu Nyanatiloka gründete er das Inselkloster Polgasduwa, das über Jahrzehnte die Zuflucht zahlreicher westlicher Mönche wurde. Nyanatiloka übersetzte große Teile des buddhistischen Kanons aus dem Pali ins Deutsche, verfasste ein buddhistisches Wörterbuch, und als der Gelehrte 1967 in Colombo starb, trauerte das ganze Land um ihn.

Auch Nyanaponika stammte aus Deutschland. Er war 1901 in Hanau als Siegmund Feninger geboren, in einem jüdisch-großbürgerlichen Haus. Als er 1937 vor den Nazis nach Asien flüchtete, hatte er sich freilich schon der buddhistischen Lehre verschrieben. Der Gründer der Buddhist Publication Society in Kandy, bis heute die wichtigste Literaturquelle für Einheimische und Ausländer, lebte lange Jahre zurückgezogen und hochverehrt in einem Waldkloster oberhalb des Zahntempels.

Ingeborg Nitzsche hat Nyanaponika bis kurz vor seinem Tod (im Oktober 1994) jeden zweiten Tag besucht, für ihn gekocht, mit ihm gesprochen. Die Nähe dieses großen, charismatischen Interpreten der Lehre war ein wesentlicher Grund für die Nitzsches, in die heilige Stadt Kandy zu ziehen. Jetzt, in ihrer Wallauwa, dem bescheidenen Landhaus am Rande der Stadt, schauen sie auf die Reisfelder des Nachbarn. Das Werden und Vergehen dort ist für sie ein Stück alltäglicher Einsicht in die buddhistische Lehre.

Manchmal stehen wilde Elefanten im Garten, angezogen von den Talipotpalmen, ihrer Lieblingsspeise. Sehr viel kleinere Tiere können noch mehr nerven: In der Regenzeit kostet es oft Überwindung, sich mit Millionen Ameisen und Moskitos zu arrangieren.

Zu Ingeborgs Bibliothek gehören, vielleicht auch für solche Tage, die Schriften der deutschen Buddhistin Ayya Khema, die 1997 gestorben ist. Als jüdisches Kind war sie in den Fernen Osten geflüchtet, als Gründerin eines Nonnenklosters im Süden von Sri Lanka und später als Leiterin eines Buddha-Hauses im Allgäu ist sie in der buddhistischen Welt berühmt geworden. Ihre Empfehlung auf dem Titel eines ihrer populärsten Bücher passt zum neuen Leben der Nitzsches: »Sei dir selbst eine Insel.«

Etwas mehr »kapha«, bitte!

»Ayurveda« – sanfter Boom unter Palmen

Kerzenlicht, der angenehme Zimtduft von Räucherstäbchen, sanfte Begrüßung. Von weither dringt der Gesang buddhistischer Mönche in den Friedenshimmel. So, nämlich Peace Heaven, heißt der Therapiebereich oberhalb der altenglischen Kolonialvilla Greystones. Nichts lenkt hier in den Bergen bei Bandarawela vom *ayurveda* ab, von der Lehre des langen Lebens: keine Meeresbrandung, kein Unterhaltungsprogramm, keine Bar.

Shirodara: Alles fließt. Ein dünner Strahl warmen Sesamöls rinnt auf meine Stirn. Ich liege losgelöst von jeglichem Stress, von westlichem Tempo, auf einem Holztisch, die Augen abgedeckt. Und doch sehe ich Shaneela und Kanthi vor mir, zwei liebevoll-freundliche Wesen, die mit ruhigen Griffen Öl in eine Tonschale füllen. Shaneela pendelt den Topf, der an Schnüren aufgehängt ist, langsam hin und her. Der Strahl trifft erst meine Stirn über der Nasenwurzel, dann die rechte Schläfe, wandert zur linken Schläfe, wieder nach rechts, nach links … Wärme, Wohligkeit.

Lange hat Norbert Fischer nach einem Ort gesucht, wo er den *ayurveda* authentisch anbieten kann, »streng« und doch auf die Lebensweise westlicher Patienten und Kurgäste abgestimmt. Der Stuttgarter Heilpraktiker, Gründer und seit zehn Jahren Besitzer der Greystones-Villa, war auf der Suche nach innerer Balance durch Indien gereist und schließlich in Colombo einem Mann begegnet, der als »Doc Konda« (»der Arzt mit dem Haarknoten«) einen legendären Ruf auf der Insel hat: Dr. W. I. Fernando. Damals, das war 1990, war er dreiundsiebzig Jahre alt, Sohn und Enkel berühmter *Ayurveda*-Ärzte, Vater von neun Kindern.

Fernando schaute den Sinnsucher aus dem Westen bei der ersten Begegnung nur freundlich an, sagte aber kein Wort. Auch beim nächsten und übernächsten Besuch lauschte der kleine, weise Mann, vor dessen Praxis von morgens bis abends jeweils mehr als zwanzig Patienten warteten, wortlos den Visionen des Stuttgarters. Norbert Fischer setzte sich acht Tage lang jeden Nachmittag auf die Veranda, wartete, bis der Doktor aus der Tür schaute – um gleich wieder in sein Sprechzimmer zu verschwinden: »Ich glaube, er wollte mich prüfen, meine Geduld, mein Stehvermögen, meine Ernsthaftigkeit. Wir haben später nie darüber gesprochen …«

Dr. Fernando geht jetzt auf die neunzig zu und ist noch immer die oberste Instanz für Norbert Fischer und seine Gäste auf Greystones. Sein Gang ist schleppend, seine Bewegungen sind langsam geworden. Aber seine Augen schauen mich so klar und strahlend an wie vor fünfzehn Jahren, als auch ich ihn in seinem Haus an der Fairline Road kennen lernte. Sein Händedruck ist fest, seine Pulsdiagnose eindeutig: Mein Typ sei sehr ausgeprägt *pitta*, mit etwas *vata* gemischt: willensstark, mutig, Feuer und Wasser steuern meinen Stoffwechsel und sorgen für Leidenschaft und leichte Erregbarkeit. Was deutlich fehlt: Ruhe, Ausdauer und die Erdhaftung des *Kapha*-Typs.

Die Weisheit vom Leben spricht allen Menschen drei haupt- und ursächliche Energie-Typen zu, *doshas* genannt. In ihnen spiegeln sich paarweise die fünf Elemente aus der Natur: Äther und Luft stehen für Bewegung: *vata*, Feuer und Wasser haben die Funktion der Umwandlung und Verdauung: *pitta*, Wasser und Erde sorgen für Stabilität: *kapha*.

In einem Hotel am Hafen von Colombo fragt Dr. Fernando nach dem Alltag der eben angekommenen *Ayurveda*-Patienten: Wie essen sie zu Hause, wie schlafen, arbeiten und träumen sie? Was gibt es für Sorgen, welche Beschwerden plagen sie? Alles mündet in seine Beurteilung ein, Grundlage für die Behandlungen in der Bergvilla. Dr. Chandri Karunadasa und Dr. Kumari, seine Schülerinnen, die in den nächsten Wochen die Gäste betreuen, assistieren ihm. Wie zu Beginn der Kur der *pandit*, der Lehrer und Meister, halten sie zwei- oder dreimal in der Woche ihre Finger an den Puls, minutenlang. Sie versenken sich dabei in den

Rhythmus des Blutes. Was sie fühlen, was sie anschließend auf meiner Zunge und in den Augen sehen, was sie über meine Gewohnheiten hören, bestimmt den Plan der nächsten Tage: Massagen, Bäder, Einläufe, das Essen.

Svedana: Aus dem Schwitzkasten schaut nur mein Kopf heraus, von Kanthi mit kühlen, feuchten Tüchern abgetupft. Ich liege auf einem Holzrost und schwitze unglaubliche Mengen böser Säfte aus. Der Dampf heiß aufgebrühter Kräuter löst Schlacken aus den Körperzellen, Gift, das sich dort seit Jahren angesetzt hat. Im Garten krächzen Papageien. Milder Blütenduft liegt über Peace Heaven.

Vor etwa dreitausend Jahren haben indische Heiler erstmalig erkannt, wie wichtig der Gleichklang aller Elemente ist, die des Körpers und die der Umwelt. In Indien wie in Sri Lanka war das »Wissen vom Leben« in den Jahrhunderten der Fremdherrschaft auf die Dörfer verdrängt worden, als Scharlatanerie verrufen. Erst nach der Unabhängigkeit setzte sich in den Ursprungsländern wieder durch, was heute auch von immer mehr westlichen Schulmedizinern anerkannt wird: Körper, Geist, Seele und Umfeld eines jeden müssen in Einklang gebracht werden. Im *ayurveda* werden deshalb nicht einzelne Organe oder Glieder behandelt, sondern vielmehr der aktuelle Zustand in Verbindung mit den individuellen *doshas* betrachtet.

Seit Ende der achtziger Jahre hat sich aus

dieser sanften Weltsicht eine Wellness-Industrie entwickelt: *Ayurveda*-Musik, *Ayurveda*-Kochkurse, *Ayurveda*-Bücher. Wer das Stichwort bei Google eingibt, bekommt Hunderttausende von Seiten angeboten. Kein Wunder, dass es an Sri Lankas Stränden kein Hotel mehr gibt, das nicht wenigstens eine *Ayurveda*-Massage anbietet. Wer darüberhinaus mit einem Ölkännchen pendeln kann, hat gute Chancen als *Ayurveda*-Therapeut. Aber höchstens zehn Anlagen auf der ganzen Insel wenden das alte Wissen in klassischer Form als Wohlfühl- und seriöse Heilmethode an.

Dreißig Helfer sorgen auf Greystones für einen Ablauf, der effizient ist und dennoch als behutsam empfunden wird. Ravi ist seit der ersten Stunde dabei. Norbert Fischer hat ihn von der Straße geholt, ein scheues Kind, abgemagert, zerschunden von den Schlägen des ewig betrunkenen Vaters. Heute ist Ravi der Hüter des Gartens und aller Heilkräuter, ein geachteter *pujari*, also Diener im nahen Hindutempel, ein glücklicher Ehemann und die gute Seele im grünen Bereich zwischen der Villa und dem Friedenshimmel.

Die Beete im großen Kräutergarten sind Ravis Apothekerschubladen. Er besorgt und umsorgt, was Dr. Fernando und seine Kolleginnen verordnen: *gotukole*, das einen geschwächten Körper kräftigt; die Blumen und Blätter des Ranaverabaumes, die das Blut reinigen und das Gewebe stärken; die Blätter vom Erabudubaum, aus denen ein gut verträgliches Schlafmittel gewonnen wird …

Genuss für alle Sinne: Yoga am frühen Morgen. Meditation vor der Kulisse einer Hügelkette im Dunst. Essen in aller Ruhe und in vielen Geschmacksrichtungen, drei Tage lang Grüne Suppe – Reis, Blattgemüse, Ingwer, Knoblauch, Kokosmilch. Ein anderes Mal Porridge mit Palmsirup und ein Glas Mangosaft, frisch gepresst aus den Früchten, die vor der Tür wachsen. Den ganzen Tag über soviel *Ayurveda*-Wein, wie man mag: nichts als heißes Wasser …

Zweimal schon hat meine Tischnachbarin, eine Patientin aus Berlin, hier gekurt; jetzt fühlt sie sich vom Morbus Crohn, der sie über Jahre gequält hat, geheilt; eine andere Mitpatientin, die vor zwei Wochen im Rollstuhl gekommen ist, war gestern zum ersten Mal im Nachbardorf Diyatalawa – zu Fuß, eine halbe Stunde gemächlichen Weges. Gute Erfolge werden auch bei Asthma, nervös bedingter Impotenz, bei Stoffwechsel- und Hautkrankheiten, bei Tinnitus und hohem Blutdruck erzielt.

Abhyanga: Der ganze Körper wird von vier Händen massiert. Shaneela und Kanthi streichen, drücken, reiben ein Öl ein, das mein *agni*, mein *Pitta*-Feuer abkühlen, dafür aber den *Kapha*-Anteil stärken soll – mehr Gelassenheit, mehr Bodenständigkeit. Die Zehen werden gestreckt, die Füße und die Waden geknetet, immer synchron, geschmeidig, hochgradig angenehm. Der Wasserfall neben dem Friedenshimmel pritschelt im Hintergrund und die Mönche im Tal singen wieder ihre Mantras.

»Höret, ihr Mönche, der Weg ist gefunden …«

»Little Buddha« im Höhlentempel von Dowa

Wir waren früh aufgebrochen und die Berge in Serpentinen hinuntergefahren, von der Wolkenstadt Nuwara Eliya über Hakgala durch die Teeplantagen ins Land der vielen Wasserfälle. Padmasiri, ein bedächtiger Chauffeur und weiser, scharfsichtiger Entdecker der kleinen Kostbarkeiten des Alltags, hatte unterwegs auf Weihnachtssterne in Baumhöhe gezeigt, auf Orchideen, die sich zwischen Baum und Borke eingenistet haben, auf Hügel, überwuchert mit hüfthohem Guatemalagras. Dort erholt sich ausgelaugter Boden von jahrelanger Teebepflanzung. Nach ein bis zwei Jahren Pause wird wieder camellia sinensis gesetzt, der Teestrauch, der schon bald gestutzt werden muss, bevor er sich am Boden verzweigt und in die Höhe schießt.

Reisterrassen, Kautschukgärten, lichte Pinienwälder, Reste jahrtausendealten Regenwaldes, ein Teeteppich, der vielerorts bis zum Horizont reicht: Es ist ein traumschönes Land. In Keppetipola trinken wir in einem bescheidenen *tea shop* eine Ceylon-Mischung, wie man sie in den Hotels an der Küste kaum mehr bekommt: heiß, süß, mit Milch und Kardamom aufgekocht. Es ist ein ärmliches Dorf, mit einem Hindutempelchen im Zentrum, einer Bretterbude, in der Kokosseile und Kernseife, Kaugummi und Kekse verkauft werden.

Padmasiri hat hier absichtsvoll gehalten; die Teepause hätten wir auch in Bandarawela machen können, zum Beispiel im Orient Hotel, das eine Terrassenplattform zum »Biergarten« erklärt hat. Aber hier in Keppitpola, im Herzen der Uva-Bergprovinz, hatten sich 1818 zum letzten Mal singhalesische Freiheitskämpfer gegen die Briten erhoben – vergeblich. Sie starben den Opfertod, ein kleines Denkmal erinnert an den verzweifelten Versuch, die Kolonisatoren aus dem Königreich Kandy zu vertreiben. Nur ein paar Kilometer weiter, in Randeniya, hatten übrigens zweihundert Jahre zuvor andere Aufständische mehr Erfolg: Die Singhalesen besiegten in dem schwer zugänglichen Gebiet eine portugiesische Armee. Den Kopf des Generals de Saa schickten sie dem Gouverneur in Colombo. Die Portugiesen blieben danach nicht mehr lange auf der Insel, aber es folgten umgehend die Holländer.

Von Bandarawela aus schraubt sich die Landstraße Nr. 16 durch die Schlucht von Ella dem Himmel entgegen. Es ist früher Vormittag, wir sind gut in der Zeit und Padmasiri hat eine Überraschung im Sinn. Sechs, sieben Kilometer weiter nördlich bremst er den Wagen ab. Rechter Hand, auf einem dunklen Fels, thront eine kleine, schneeweiße *dagoba*. Ein paar Schritte um den Berg herum, dann stehen wir vor dem Buddha von Dowa, einer mächtigen Figur in segnender Haltung, fast neun Meter hoch. Lächelnd und entspannt, so wirkt es, lehnt der Erleuchtete am Berg. Es ist eine Hochreliefstatue, in einem Stück aus dem Stein gemeißelt, vielleicht vor tausend Jahren, wie der Baedeker behauptet, vielleicht auch erst vor dreihundert, wie andere Quellen sich festgelegt haben.

Ein Mönch tritt zu uns und lädt uns in den Höhlentempel ein. Nyanaratne Thera Bhikkhu ist sein Name und zugleich sein Titel. *Bhikkhu*, ein Wort aus dem heiligen Pali, so nennen sich die Mönche der Theravada-Glaubensrichtung, der konservativen, auf Buddhas ursprüngliche Lehre zurückgehenden »Schule« des Buddhismus, wie sie in Thailand, Burma, Laos und, ganz besonders konsequent, auf Ceylon gelebt wird. »Achtsam« und mit »rechter Gesinnung«, wie es die Tradition vorschreibt, deutet er auf farbig ausgemalte Buddhastatuen und Wandbilder in den drei Kammern der Felsenhöhle. Auch Vishnu, der Hindugott, der den Buddhisten Sri Lankas als Hüter des Glaubens auf ihrer Insel gilt, wird hier verehrt, daneben der elefantenköpfige Ganesha, Überwinder aller Hindernisse, und sein Bruder Kataragama, der Kriegsgott, beides Söhne des großen Shiva.

Wir folgen Nyanaratne immer tiefer in die dunklen Felsfluchten unter dem Berg, verlieren uns in den Labyrinthen des Glaubens und der Zeit. Der junge Mönch erzählt von seinem Dorf und seinem Alltag, Padmasiri übersetzt. Über eine Stunde lang sind wir zu dritt allein, ungestört, auf angenehme Weise der Welt entrückt. Kein Reiseführer widmet diesem Felsenkloster mehr als sechs Zeilen.

Fünf *bhikkhus* leben in Dowa, fünf von etwa vierzehntausend in Sri Lanka, die sich auf mehr als fünftausend Klöster verteilen, die frommen Einsiedler in den Wäldern, auf Berggipfeln und Inselchen nicht mitgezählt. Nyanaratne lebt seit dreizehn Jahren in diesem kleinen Kloster. Aber erst seit ein paar Monaten, seit seinem zwanzigsten Geburtstag, gehört er dem *sangha*, der Gemeinschaft aller Mönche, sozusagen als Vollmitglied an. Sein Vater ist Reisbauer, seine Mutter hilft auf dem Hof, ebenso wie zwei Schwestern und ein Bruder, alle drei jünger als der Mönch. Zwei Jahre lang, bis zu seinem neunten Geburtstag, lernte er die Grundlagen von Buddhas Lehre kennen und verstehen, die »vier edlen Wahrheiten« – vom Leiden, das uns von der Geburt bis zum Tode begleitet, von der Ursache des Leidens, vom Verlöschen allen Leidens, vom Weg, der zu dieser Erlösung führt.

Nyanaratne hat schon als Kind den achtfachen Pfad studiert, symbolisiert durch das Rad, mit dem der historische Buddha einst die Lehre »ins Rollen« gebracht hat, vor zweitausendfünfhundert Jahren im Norden Indiens. Überall in der buddhistischen Welt, von Tibet bis Tokio, von der Wüste Gobi bis zur Insel Lanka, schmückt dieses Rad mit den acht Speichen –

dharmacakra – die Tempel und Klöster einer asiatischen Weltanschauung, die längst auch im Westen immer mehr Anhänger findet.

An seinem fünfunddreißigsten Geburtstag, nach sechs Jahren Einsamkeit, Askese und vergeblicher Sinnsuche, hatte der Fürstensohn Siddharta Gautama unter einem Feigenbaum die Erkenntnis gewonnen, dass nur der mittlere Weg der richtige sein kann. Einige Wochen nach dieser Vollmondnacht berichtete er fünf früheren Weggefährten in einem Hain in der Nähe der heiligen Hindustadt Benares von seiner Erkenntnis: »Höret, ihr Mönche, der Weg ist gefunden …«

Erst die vierte der »edlen Wahrheiten« bringt, so der große Meister aus dem Himalaya, das Rad der Lehre richtig in Schwung: »Dies, ihr Mönche, ist die heilige Wahrheit auf dem Wege zur Aufhebung des Leidens. Es ist dieser achtteilige Pfad, der da heißt: Rechter Glaube, rechte Gesinnung, rechte Rede, rechte Tat, rechtes Leben, rechtes Streben, rechtes Gedenken, rechte Selbstversenkung …«

Unser junger *bhikkhu* erklärt fröhlich und verschmitzt die grellbunten Bildlegenden an der Felswand, die Stationen und Taten aus dem Leben Buddhas für das Volk sichtbar und verständlich machen. Auch in die große Inselchronik, die Mahavamsa, hat sich der Klosterschüler vertiefen müssen. Nach dieser uralten Überlieferung hat Buddha dreimal am Teich der roten Lotusblüten meditiert und gelehrt. Keinem Gläubigen auf der märchenhaften Insel macht es etwas aus, dass sich Siddharta Gautama, der historische Buddha, erwiesenermaßen nur zwischen Himalaya und Gangestal bewegt hat; um Glauben geht es hier, nicht um Wissen. Also zieht, ein Beispiel nur, auch weiterhin die große Kuppel von Kelaniya bei Colombo jeden Tag mehr als tausend Gläubige an. Denn unter dieser *dagoba* steht ja der goldene Stuhl, auf dem Buddha bei seinem zweiten Besuch im alten Lanka gesessen hat, in rechter Selbstversenkung, wie der Mythos weiß.

Nyanaratne trägt einen Kurzhaarschnitt. Sein Kopf ist nicht gänzlich kahl geschoren, wie es bei den meisten *bhikkhus* üblich ist. Bedürfnislosigkeit und der Zölibat sind unumstößliche Regeln, ein paar Stoppeln mehr oder weniger auf dem Kopf aber stören niemanden. Der junge Mann lacht, als er uns von dieser Toleranz erzählt. Sein Tag beginnt um halb fünf mit einer Katzenwäsche, an die sich eine Stunde Meditation anschließt. Danach fegt er seine Kammer aus, reinigt eine der beiden orangefarbenen Roben, die ihm zustehen, und schaut dann in die heiligen Bücher.

Der Mönch Nyanaratne, der jüngste im Kloster Dowa, hat Mathematik in einer größeren Klosterschule gelernt, er kann die alten Könige von Anuradhapura und Polonnaruwa aufzählen, er spricht Tamil, hat Computerkurse belegt und will demnächst sein Englisch verbessern. Zwei- oder dreimal im Jahr steigt er in den Bus und fährt nach Halepopuli. In diesem Dorf bei Badulla ist er geboren, dort leben seine Eltern und Geschwister. Sie sind stolz auf ihren Sohn und Bruder. Er bringt ihnen viel Ansehen. Zu Hause, in seinem Heimatdorf, besucht der *bhikkhu* Freunde aus Kindertagen, hört mit ihnen die Musik seiner Generation, Hip-Hop, Techno oder die neuesten Kassetten von »Stone Broke«, und natürlich studiert er die Cricket-Tabellen der Bergprovinz.

Bezahlte Arbeit, gar außerhalb des Tempels, darf Nyanaratne nicht annehmen. Ein Rasiermesser, ein Wassersieb (um kleine Lebewesen aus dem Trinkwasser zu filtern und somit zu retten), Nadel und Faden, sein Lendengurt und eine Kette mit hundertacht Kugeln zum Rezitieren der heiligen Vorschriften: Mehr »besitzt« Nyanaratne nicht. Er hat sein Leben der Lehre des Buddhas gewidmet, so wie das für sehr viele Söhne in srilankischen Familien zur Tradition gehört. Anders als etwa in Thailand oder Burma bleibt ein *bhikkhu* auf Sri Lanka nach der Ordination für immer im Kloster. Laien allerdings können sich für begrenzte Zeit zur inneren Einkehr in einen Tempel zurückziehen. Sie müssen sich dabei dem Tagesrhythmus der Mönche anpassen.

Wir sind in der letzten Höhle angekommen, kurz vor halb zwölf. Nyanaratne erklärt rasch noch den liegenden Buddha dort und ein paar Statuen, die verstorbene Würdenträger der Region darstellen. Jetzt hat er es eilig, weil er hungrig ist. Wie alle buddhistischen Mönche darf er sich nur bis zwölf Uhr satt essen, und auch dies nur so maßvoll, wie es der Buddha gelehrt hat. Danach, bis zum nächsten Morgen, ist nichts außer Wasser und Tee erlaubt. Nyanaratne und seine vier Brüder im Geiste werden jetzt genießen, was die Dorfleute aus der Nachbarschaft gespendet haben: Gemüse-*Curries*, Reis, Trockenfisch, Früchte. Wenn mal ein Stück Fleisch dabei ist, lässt man sich auch das schmecken. Der Buddha selbst war, wie alle Überlieferungen berichten, kein einschränkender Eiferer und natürlich erst recht kein Hedonist: »Nur der Weg der Mitte führt zur Erleuchtung …«

Körry erster Klasse

»Hast du Reis gegessen?«: Von scharfen Geheimnissen und süßen Genüssen

»Um 7 Uhr erschienen gewöhnlich meine Bootsleute und holten meine Netze und Gläser für die tägliche Kanoefahrt … Nach der Rückkehr verteilte ich sofort die gefangene Ausbeute … Dann nahm ich mein zweites Bad und hierauf um 11 Uhr das zweite Frühstück … das nationale ›Curry and Rice‹. Der Reis selbst erschien stets in gleicher Weise, einfach gekocht; bei der Bereitung des Körry aber, der ragoutähnlichen hochwertigen Reiswürze, wendete Babua allen Scharfsinn auf, um mich täglich zu überraschen …«

So erlebte der seinerzeit weltberühmte Naturforscher Ernst Haeckel im Jahr 1881 die lukullischen Besonderheiten auf Ceylon. Was er damals sich und seinen Lesern daheim zumutete, muss deutschen Hausfrauen ziemlich absonderlich vorgekommen sein: »… montags Fisch-Körry …, dienstags die noch feineren Prawns oder Garnelen …, mittwochs Tintenfische …, donnerstags gekochte Schnecken, bisweilen durch geröstete Austern überboten …, freitags die Eiermassen der Seeigel …, samstags fliegende Tiere; bald waren es Fledermäuse oder Vögel, bald dickleibige Nashornkäfer … sonntags erschien im Körry erster Klasse entweder ein indisches Huhn oder eine fette Eidechse, bisweilen auch eine Schlange, die ich anfänglich für einen Aal hielt …«

Keiner hat Sri Lanka vor dem 20. Jahrhundert poetischer und gründlicher beschrieben als eben jener Ernst Haeckel, der im Humboldt'schen Sinne Forscher und Philosoph war. Seine Zeit »auf der immergrünen Insel« nannte er die »lehr- und genussreichsten Monate meines Lebens«. »Körryqualen« allerdings, unter denen Haeckel bei seinen kulinarischen Abenteuern zunächst gelitten hat – »ein großer Trost bleiben mir die Früchte, die jeden Tag auf dem Tisch des Rasthauses prangten: Bananen, Paradiesfeigen, Ananas, die edle Mango, Passionsfrüchte …« – muss niemand mehr erdulden; in über dreißig Jahren auf »meiner« Insel habe ich auch im entlegensten Dorf niemals Nashornkäfer oder »Korallen in der Körrytunke« vorgesetzt bekommen. Aber geheimnisvoll, spannend und höllisch scharf ist das Essen dort bis heute geblieben. Die Verwirrung beginnt mit dem Begriff *curry* (die Haeckel'sche Schreibweise ist natürlich auch im deutschsprachigen Raum längst aus der Mode gekommen). Es ist schwer zu sagen, was damit gemeint ist; leichter fällt allemal die Definition, was es nicht ist: nämlich jenes unsägliche gelbe Pulver, das in Westeuropa unter diesem Namen gehandelt wird.

Machen wir es uns zunächst einfach: Unter *curry* verstehen die Ceylonesen – seien sie Singhalesen, Tamilen, muslimische Moors oder christliche, hellhäutige Burgher – erst einmal eine Gewürzmischung. Koriander gehört dazu, Kreuzkümmel, Kardamom, Senfkörner, reichlich gestoßener Chili, Pfeffer, Kurkuma; die Moslems tun Safran und Rosenwasser dazu, auch die Malaien im tiefen Süden, die einmal als Soldaten der britischen Krone auf die Insel gekommen sind; die Burgher hingegen, nach niederländischer Tradition, gute Butter und etliche Eier sowie reichlich Muskatnuss.

Fast alle Gewürze werden ohne Fett geröstet, dunkelbraun, bei schwacher Flamme. Anschließend wird die Mischung gestößelt oder gemahlen. Schließlich, und das ist ganz wichtig, sorgt jede Hausfrau zusätzlich mit ein paar Körnern und alten, meist geheimen Familienrezepten für ihre ganz spezielle Aromamixtur.

Mit *curries* aber, dem Plural, sind auf Sri Lanka – wie übrigens auch in Indien, Burma oder Singapur –, fertige Gerichte gemeint, benannt nach der wesentlichen Zutat oder nach der Farbe der vorherrschenden Spezereien: Gemüse-*Curries*, Fisch-*Curries*, Fleisch-*Curries* aller Art, eine große Reis- und *Curry*-Tafel mit zwei Dutzend Schälchen und tausendundeinerlei Düften. Rote *curries* enthalten soviel Chili, dass sich auch langjährige Ceylonkenner angeblich nach dem Essen mit ihrem Atem eine Zigarette anzünden können. Weiße *curries*, mild und nahezu flüssig, basieren auf Kokosmilch, schwarze *curries* hingegen, die besten und typischsten in der traditionellen singhalesischen Küche der oberen Kasten, verdanken ihren Namen den tiefbraun gerösteten klassischen Gewürzen – Koriander, Kreuzkümmel und Fenchel gehören so gut wie immer dazu.

Eine alte Freundin, Charmaine Solomon, in Colombo geboren und mit ihren Kochbüchern eine weltweit erfolgreiche Botschafterin asiatischer Delikatessen, erzählt gern, wie überall im alten Ceylon – und das ist gerade einmal vierzig Jahre her – auf Holzfeuer und in steinernen Öfen gekocht wurde: »Ich erinnere mich an Josie, eine freundliche, rundgesichtige, mütterliche Frau. Sie war so viele Jahre die Köchin unserer Familie … Josie regierte über die ›große Küche‹ mit ihren riesigen Feuerherden, blies mit Hilfe eines Metallrohrs das Feuer an, um die Hitze zu steigern, rührte mit Löffeln aus Kokosnussschalen in ihren *chatties* (Kochtöpfen aus Ton), und stellte so einige der besten Mahlzeiten her, die ich je zu essen bekam …«

Längst sind McDonald's, Kentucky Fried Chicken und Pizza Hut auch in Colombo die Treffpunkte der jungen Leute. Und das alte Rasthaus von Ella, einst für seine *Curry*-Vielfalt berühmt, hat jetzt einen Anbau, nennt sich »Motel« und serviert Spaghetti und spanisches Omelette. Wehmut muss dennoch nicht aufkommen. Mühelos finden nostalgisch gestimmte Genießer genügend Plätze mit traditionsreicher Küche. Noch immer heißt es, wie in vielen Ländern Asiens, auch auf Singhalesisch »Hast du Reis gegessen«, wenn allgemein gefragt wird, ob man schon zu Mittag oder zu Abend gegessen hat.

Im Tissawewa Resthouse im heiligen Bezirk von Anuradhapura, bekomme ich wie eh und je am frühen Morgen meine geliebten *hoppers*: dünne »Schalen« aus Pfannkuchenteig, gefüllt mit Spiegelei oder Früchten der Saison, dazu Milchreis mit Palmzucker und Zimt (*kiribath*) und *pittu*, das sind Klößchen aus Reismehl und Kokosraspeln, am liebsten mag ich sie mit gemäßigt-scharfer *Curry*-Sauce. Einmal, vor gar nicht langer Zeit, waren wir die einzigen Gäste im staatlichen Rasthaus von Polonnaruwa, das auf einer Landzunge in den antiken Stausee Parakrama Samudra ragt. Man hatte uns das große Zimmer Nr. 1 gegeben, das Mitte der fünfziger Jahre für Königin Elizabeth und ihren Prinzgemahl angebaut worden war. Nichts, so wirkte es auf uns, hatte sich seither verändert. Nur der Spiegel war fast blind geworden.

Den Nachmittag hatten wir auf der Terrasse vertrödelt, Tee getrunken, den Fischern zugesehen und den Kormoranen. Wir hatten Kokoskuchen gegessen und *wattalapam*, den landestypischen Pudding aus Kokosmilch und Zimt. Als die Nacht kam, übergangslos wie immer, wurden rasch Kerzen auf den Tisch gestellt: Stromsperre. Für die Küche aber, versicherte uns das halbe Dutzend Kellner, das um uns herumscharwenzelte, sei das kein Problem, das Holzfeuer im alten Ziegelherd lodere bereits. Es gab, wie man sich denken kann, *curries*, unzählige *curries*: solche vom Huhn, andere aus gelbem Kürbis, ein Okraschoten-*Curry*, mindestens zwei verschiedene Gemüse-*Curries*, eines mit Linsen und ein *curry* aus weichgekochten Cashewnüssen, Reis natürlich, würzig, große Mengen in dampfenden Terrinen, und ein *curry* mit frischem Fisch aus dem See.

Auf dem Tisch standen letztlich zweiundzwanzig Schalen und Schälchen, fast alle gleichzeitig serviert, dazu Fladenbrot und *papadam*, die Cracker der indischen Welt. Auf den Tellern lagen Bananenblätter, auf denen wir die Speisen klumpen konnten, um sie dann mit der rechten Hand, wie es noch vielfach üblich ist, zu essen. Jeder Bereich auf dem Tisch, jeder Teller, jeder Korb, war mit Frangipaniblüten umkränzt. Von den Ruinen aus der ehemaligen Königsstadt drangen Zauberklänge an den See und auf unsere Terrasse: Trommeln und der sanfte Singsang buddhistischer Mönche.

Ernst Haeckel übrigens, der Genießer der frühen Jahre, mochte seine Körry-Erlebnisse am Indischen Ozean schon bald nicht mehr missen: »Ich konnte mich nur schwer davon trennen.«

Feuer für den »lingam«

Sagenhaft: Bei den Hindus von Trincomalee

Auf dem Weg zur Hauptstraße überholt mich eine kleine Karawane buckliger Rinder. Sie alle tragen einen roten Punkt auf der Stirn; damit sind sie Pashupati geweiht, dem Herrn der Tiere – ein anderer Name für Shiva. Jeweils zwei oder drei junge Männer sitzen auf den hochrädrigen Karren, die von den Zebus gezogen werden. Keiner grüßt, keiner lächelt. Es ist dies das Land im fernen Nordosten Sri Lankas, die Küste bei Trincomalee, die sich viele Tamilen mit vielen Moslems und einigen Singhalesen teilen. Es ist, das vor allem, Hinduland, geschunden, zerschossen in den langen Jahren des Bügerkriegs, vom Tsunami getroffen wie keine andere Region, ein Land ärmster Bauern und Fischer.

Mothila Fernando, mein Gewährsmann in dieser Region, hat Verständnis für die Zurückhaltung der Viehtreiber. Sie haben, so meint er, von Fremden bislang nicht viel Gutes erfahren. Es sind Tamilen, Landleute und Tagelöhner, die sich schon in der Frühe auf die Suche nach Brennholz machen müssen. Vor den Türen und in den Gärten der Häuser in diesem Vorort hocken derweil ihre Frauen und streuen Reismehl zu glücksbringenden Symbolen auf die Erde, eine Muschel zum Beispiel, deren »Gewinde« nach rechts gedreht ist – in der tropischen Natur so selten wie bei uns ein vierblättriges Kleeblatt.

Auch *svastikas*, altindische Sonnenräder, die von erschrockenen Touristen als Hakenkreuze missverstanden werden, »legen« die Frauen aus. Der böse Blick, auch der Neid des Nachbarn sollen damit gebannt werden. Neben spiritueller Wirkung stiften diese alltäglichen, sehr liebevoll arrangierten Mandalas praktischen Nutzen, der wiederum gutes *karma* bringt: Binnen weniger Minuten stellen sich nämlich Ameisen ein, denen das Reismehl schmeckt. Die Symbole lösen sich also in Wohlgefallen auf, und Mothila findet das Prinzip »Leben und leben lassen« aufs Sinnvollste angewendet.

Mothi, wie ich ihn nennen soll, ist auch Tamile, ein Christ, wie sein Nachname andeutet. Die Portugiesen haben zwar nur wenige Bauwerke hinterlassen, auch kaum Spuren in der Küche. Aber sie waren die ersten und die fleißigsten Missionare. Aus ihrer Epoche im 16. und 17. Jahrhundert, die von strengem Katholizismus geprägt war, stammen die vielen Pereras ab, die de Silvas und eben die Fernandos.

Es dauert ein, zwei Tage, bis Mothi seine Verbitterung nicht länger am europäischen Besucher auslässt. Singhalesen hingegen traut er weiterhin nicht über den Weg. Mothi hat es schwer gehabt in den letzten zwanzig Jahren.

Dreimal hat er sein Haus an der Nilaveli-Beach, wo seine Familie seit Jahrhunderten ansässig war, aufgebaut, dreimal hat es die Armee wieder abgefackelt. Während Mothi mit seiner Mutter und seinen Schwestern in Colombo Zuflucht suchte, starb der Vater in den Trümmern von Trincomalee.

Trinco, wie die abkürzungsfreudigen Sri Lanker sagen, ist keine einfache Stadt. Sie liegt an einer wunderschönen Bucht, in der sich seit dem Waffenstillstand wieder Wale tummeln, sie ist von der Natur mit einem der sichersten Häfen Asiens gesegnet. Aber sie hat nie eine Chance gehabt aufzublühen, zu Wohlstand zu kommen. Das Zentrum ist staubig, die Gassen und Basare wirken ärmlich, die Schäden der Flutwelle werden noch lange sichtbar sein. Aber dafür wuchern und wispern die Legenden in den Tempeln und auf den Felshügeln vor der Stadt, praller und verzweigter als anderswo auf dieser Insel.

Mothi hat sein Motorrad vor einer Garküche namens Kathariya abgestellt. Wir haben nur Tee bestellt, aber als Mohamed, der dicke Besitzer, Koch und Kellner hört, dass ich aus Deutschland komme, stellt er eine Schüssel mit Klößen auf den wackligen Tisch; sie sind mit Mais und Ei gefüllt. Mothi, der tamilische Christ, nennt den Wirt *thambi*, Bruder. Sie sprechen, wie es zwischen Tamilen und Moslems üblich ist, Tamil miteinander.

Vom geplanten Ausflug über die Bucht hinweg nach Mutur, wo der Mahaweli, Sri Lankas längster Fluss in den Indischen Ozean mündet, raten beide dringend ab: Das Dorf ist mehrheitlich von Moslems bewohnt und die seien »derzeit nicht gut gelaunt«, wie Mohammed es nennt. Sie fühlen sich von der Regierung und von der LTTE hinters Licht geführt: »Sie mögen im Moment keinen Besuch ...«

Also tuckern wir mit Mothis alter Maschine am Fort Frederick vorbei zum Swami Rock, dorthin, wo alle Touristen und alle Einheimischen pilgern. Auch heute morgen stehen Schulklassen, Liebespaare und Hindufrauen in seidenen *saris* auf dem »heiligen Sonnenhügel«, so die Bedeutung des ursprünglichen Ortsnamens Thirukanamalai, aus dem Trincomalee wurde. Schaudernd blicken sie von einer Felsnase in die Tiefe. Über hundertdreißig Meter fällt der Berg senkrecht ins Meer. Gurgelnd bricht sich das Wasser an riesigen Steinen, ein Ort, der für gruselig-romantische Geschichten gemacht ist.

Vor über dreihundert Jahren soll sich die holländische Kaufmannstochter Francina van Rhede von hier oben in die Tiefe gestürzt haben, während weit draußen der angeblich untreue Ehemann dem Horizont entgegensegelte. Nun gibt es allerdings unterschiedliche Versionen von dieser Trotzreaktion. Sie soll auf jeden Fall gut ausgegangen sein; mal heißt es, die junge Dame habe den Sturz überlebt, an anderer Stelle hört man, sie habe überhaupt nur mit dem Selbstmord gedroht. Der Felsvorsprung heißt jedenfalls seit vielen Jahren »Lover's Leap«, der Sprung der Geliebten.

Felsen dieser Art sind überall im indischen Kulturraum mit Tempeln bebaut. Koneswaram heißt das imposante Heiligtum neben dem Lovers's Leap (der übrigens nur durch ein wacklig-rostiges Gitter vom Abgrund getrennt ist). Dieser Tempel birgt einen gewaltigen *lingam*. Das Phallus-Symbol des Weltenzerstörers Shiva gehörte einst zu einem viel größeren Tempel, der auf tausend Säulen gestanden haben soll. Die Portugiesen zerschlugen das massige Gebäude, warfen den *lingam* und ungezählte Säulen ins Meer und bauten aus den restlichen Steinen eine Festung, gleich unterhalb des geschändeten Heiligtums.

Es kamen die Holländer, die aus der Portugiesenburg ihr Fort Frederick machten – so heißt es bis heute, und jetzt wohnen dort Polizisten und Soldaten –, und es kamen die Briten, die die Festung um ein Haus für einen Helden erweiterten, der später Weltgeschichte schreiben sollte. In dieser Lodge, im Schatten des wohl schönsten Banyanbaumes der Insel, kurierte 1799 ein Arthur Wellesley das Fieber aus, mit dem er sich bei einem Feldzug in Südindien angesteckt hatte. Später erzählten die Offizierskameraden gern, dass die Pflege unter dem ausladenden Baum so gut gewesen sei, dass Sir Arthur nur zu gern sein Schiff verpasste, das ihn nach London bringen sollte. Wie auch immer: Aus dem dreißigjährigen Helden von Tamil Nadu wurde der Herzog von Wellington und 1815 der Sieger von Waterloo, der Bezwinger Napoleons.

Der Baum, unter dem es ihm so gut gefallen hatte, breitet bis heute seine Äste und seine immergrünen Blätter über die Vergangenheit. Eigentlich ist das Kasernengelände gesperrt, aber mit einem Lächeln und einer Geste, mit der ich auf meine Kamera deute, lässt uns der Wachhabende zum Wellington-Haus spazieren. Solche Abstecher in die europäische Geschichte sind an vielen Stellen Ceylons möglich, in den dunklen Hallen der Reformierten Kirchen von Colombo und Galle, in den Ruinen des Forts von Jaffna, in den sternförmigen Festungsanlagen in Matara, wo bis heute im Schatten alter Bäume über kleine Sünder zu Gericht gesessen wird.

Schellenklänge und dumpfe Trommelschläge holen uns in die Gegenwart zurück. Eine kleine, festlich gekleidete Gruppe von Hindupilgern strebt dem Tempel entgegen. Der Schrein im westlichen Bereich ist mit blinkenden Lämpchen geschmückt. Shiva und seine Göttergattin sitzen in der Mitte, flankiert von Ganesha und Skanda, den beliebten Söhnen. Auch diese vom Ruß der Zeit geschwärzten Skulpturen stammen aus vorkolonialer Zeit, von den Portugiesen einst ins Meer geworfen. Erst 1975 hatten fromme Hindus sie, mehr als dreihundert Jahre nach ihrem Sturz, aus dem

Wasser geholt und im Koneswaram Kovil aufgestellt.

Hilfspriester, die zwar auch zur Kaste der Brahmanen gehören, aber noch nicht die heilige Schnur um den Oberkörper tragen dürfen, eilen mit Blumenschalen, Früchten und Kokosnüssen geschäftig von einer Ecke in die andere. Sie zünden ein Feuer an, dessen Rauch fromme Wünsche zu den Bergen des Himalaya tragen wird, dem Wohnort Shivas und seiner Familie. *Salathambi*, Lieblingsbruder, heißt die Zeremonie, die uns gleich in den Bann ziehen wird. Eine Familie verabschiedet ihre Tochter, die nach Indien übersiedelt. Sie soll mit dem Segen der Götter in die Heimat der Vorväter ziehen.

Mahindra, der Oberpriester, trägt einen violetten *sarong*. Er sieht würdig und wichtig aus. Um seinen fülligen Leib spannt sich die weiße Kordel des Zweimalgeborenen. Immer wieder schwenkt er das Feuer in einer goldschimmernden Schale, und jedes Mal berührt die junge Frau die Flamme. Mahindra ordnet und drapiert die Blüten auf seine Weise. Dazu rezitiert er die heilige Silbe OM und wiederholt ein Wort, das Hindus und Buddhisten in ihren Tempeln oft beschwören: »*Shanti, shanti* …«: Frieden …

Nach einer Viertelstunde, in der auch eine Kokosnuss mit einem Schlag in zwei gleiche Hälften geteilt wurde – ein Wunder, ein Glückstreffer, flüstert mir einer der Hilfspriester ins Ohr – zieht Mahindra den Vorhang vom Allerheiligsten zurück. Der *lingam* wird sichtbar,

Shivas mächtiges, lebensspendendes Fruchtbarkeitssymbol. Der Priester murmelt Sanskritverse aus den Veden, den heiligen Schriften, deren Gültigkeit Jahrtausende überdauert hat. Er hält die Flammenschale in der Hand und »befeuert« damit den *lingam*. Shiva steht ja nicht nur für die immer wiederkehrende Zerstörung der Welt, sondern im gleichen Maße für die folgende Erneuerung und Schöpfung. Der Dreizack, den der vielfältigste aller Hindugötter in seinen Darstellungen meistens bei sich trägt, versinnbildlicht diese drei Aspekte.

Mahindra hat dem steinernen Penis, in dem Shiva ganz persönlich verehrt wird, reichlich Feuer gegeben. Nun muss er den Gott wieder besänftigen. »Cool down, Shiva«, nennt Mothi diesen Teil der Zeremonie. Der Priester besprenkelt also den *lingam* mit Kokoswasser, dann reibt er ihn mit Bananenmus ein. Während sein Helfer vor dem Allerheiligsten das Feuer weiterhin schürt, säubert und trocknet Mahindra den großen Phallus liebevoll und ausdauernd. Wie ein göttliches *Ayurveda*-Bad sieht diese Behandlung aus.

Es ist spät geworden. Die Familie der Indienfahrerin hat den Hof mit drei *tuk-tuks* verlassen. Der Priester hat noch eine halbe Stunde Zeit bis zur nächsten Zeremonie, dem alltäglichen Mittagsritual. Er erzählt von den Strukturen des Tempels und von der schlimmen Zeit, die er, wie die meisten auf der Insel, verniedlichend »die Zeit der *troubles*« nennt. Damals kamen fast jeden Tag gläubige LTTE-Kämpfer. Sie versteckten ihre Gewehre irgendwo vor dem heiligen Hügel und besuchten als Bauern verkleidet den Tempel. Sie brachten Blüten wie andere Pilger, sie zerschlugen Kokosnüsse, und sie riefen, was Mahindra vorbetete: »*Shanti, Shanti*«, Frieden …

Auch am nächsten Tag wirkten diese Eindrücke in mir nach, diese verschiedenen Wirklichkeiten selbst an geheiligten Orten. Mothila Fernando und ich sind auf dem Wege nach Norden. Es hat in der Nacht heftig geregnet und wir müssen auf der Sandpiste Slalom fahren, große Bogen um Pfützen und Schlammlöcher. An der Lagune von Irakhakandy schauen wir moslemischen Fischern beim Auslegen der Netze zu. Ein Ibrahim redet wie ein Basarhändler auf mich ein. Eine Angelfahrt soll ich mit ihm machen. Er lacht, als ich aus Zeitmangel ablehne. Gut, sagt er, dann morgen oder übermorgen, wann immer du willst, *thambi* … Seine Frau bringt ihm Reis und gegrillte Bananen ans Boot. Sie ist Tamilin, zum Islam konvertiert. »So geht das immer«, sagt Mothi, der Christ, der auch Tamile ist.

Die Natur wird wilder, eigenartiger, das Meer verläuft sich in Seen und Kanälen. Fischreiher und Adler rasten auf Sandbänken, Krokodile sonnen sich auf Felsen am Rande der amphibischen Landschaft. Ein einsamer Elefant steht bis zum Bauch im Wasser, eine große Gruppe Flamingos hebt wie auf Kommando die schlanken Hälse aus dem Sumpf. Nach Westen zu gehen Reisfelder in Savannen und diese in Urwald über. Kleine Moscheen und Hüttentempel für Ganesha lockern die tristen Dörfer auf, die in der Hitze vor sich hin brüten wie verlassene Kulissen eines Fantasyfilms.

Das Land an der Ostküste wirkt archaisch, und vielerorts nisten uralte Geschichten zwischen Tag und Traum. Zum Beispiel in Kanniyai, dem vergessenen Platz der heißen Quellen, Schauplatz des letzten Kampfes zwischen dem Dämonen Ravana und Prinz Rama, von dem das Mahayana-Epos den Asiaten in vielerlei Form erzählt.

Wir waren gerade noch einem Trupp wilder Elefanten ausgewichen, der aufreizend langsam unseren Weg von der Nationalstraße 12 zum legendären Thermalbad gekreuzt hatte. Nun stehen wir vor Mauern aus Ziegelsteinen, die vor über zweihundert Jahren von den Holländern um sieben sagenhafte Brunnen heißen Wassers gezogen worden waren. Hier also hat der böse Ravana sein Ende gefunden, hier hat er aus Wut über einen Trick seines Bezwingers Rama seinen Speer in den Boden gerammt, siebenmal. Die Erde, so sagen die einen, hat daraufhin sieben heiße Tränen geweint. Und weil Rama eine Inkarnation Vishnus ist, seine wiedergefundene Prinzessin Sita für Lakshmi steht, die Göttin des Glücks, der Liebe und des Reichtums, schaffen es die Quellen bis heute, Geschwüre, Ekzeme und viele andere Krankheiten wegzuspülen.

Eine andere Spielart des Ramayana geht so: Um Zeit für die letzte Schlacht zu gewinnen, hatte Rama dem Ravana vorgetäuscht, dessen Mutter Kanniyai sei gestorben. Rama grub, während der Dämon noch, wie vorgeschrieben, dreizehn Tage lang trauerte, die sieben Wasserstellen. Als der Bösewicht und Sita-Räuber sich unvorsichtig den Thermen näherte, überfiel und tötete der Gott ihn. Oder waren es sieben Jungfrauen, die hier in sagenhafter Vorzeit ihr Schönheitsbad genommen haben …?

Auch Mothi möchte offen lassen, zu welcher Legende die sieben Quellen am besten passen. Sicher ist aber, dass die Hindus seit altersher nach Kanniyai pilgern, zwei Wochen nach dem Tod eines nahen Angehörigen. Ritualisierte Opfer und der magische Ort sollen den Übergang ins nächste, bessere Leben erleichtern. An so viel Heiligkeit, an so vielen Wundern wollen alle teilhaben: Neben dem Hinduschrein an der Therme waren einst ein buddhistischer Tempel und eine kleine Moschee die Zufluchtsstätten der Gläubigen. Sie liegen alle in Ruinen. Und jeder weiß, wer das getan hat: Es waren stets die anderen.

Zwei Blätter und die Knospe

»Tea time« in Udugama, Colombo und Hamburg

Pickhuben 9, eine gute Adresse in der Hamburger Speicherstadt. Was hat sie mit unserem Thema zu tun? Hinter dicken Backsteinmauern residiert Olav Ellerbrock, seit fast dreißig Jahren Generalkonsul von Sri Lanka für Norddeutschland – und Teekaufmann aus Tradition und Leidenschaft, Inhaber der alteingesessenen Firma Hälssen & Lyon. Im Kontor, wie man hier ein Büro nennt, schmeckt sein Prokurist Frank Pauls gerade einem Schluck nach, den er genießerisch auf der Zunge abrollen lässt: »Vollmundig und rund«, lobt er das Getränk, das er dann aber doch sofort und restlos ausspuckt. Noch einmal, diesmal aus einer anderen Tasse, schlürft er lautstark die bernsteinfarbene Flüssigkeit, kaut lange und mit geschlossenen Augen auf ihr herum … »mmmh, ausgesprochen mälzig, viel Körper«.

Frank Pauls verkostet Tee. Er gehört zu den raren und deshalb hoch bezahlten Spezialisten, die etwa einen Second Flush aus der Uva-Region mit der geballten Sinnlichkeit des Kenners und Liebhabers einstufen: »Geradlinig, sehr anregend, ein bisschen wie Champagner …« Die Teetester und Kaufleute in Hamburg kennen die Länder des Tees aus eigener Anschauung.

Sie wissen um die Mühe des Pflückens, Trocknens, Fermentierens und Rollens. Frank Pauls versichert, dass er beim Schlürfen die Pflückerinnen im Teegarten bei Nuwara Eliya vor Augen hat. Mindestens zweitausendmal müssen sie denselben Handgriff machen – die Knospe und zwei Blätter zupfen und hinter sich in einen Sack werfen, den sie wie ein Stirnband an ihrem Kopf befestigt haben – um vier Kilo frische, grüne Blätter zu ernten. Soviel braucht man für ein einziges Kilo schwarzen Tees.

*

Udagama im neblig-nassen Hochland von Ceylon, neuntausend Kilometer von Hamburg entfernt. Vier Uhr morgens: Saraswati Lagananthan muss aufstehen, um sich auf den Weg zu »ihrem« Teehügel zu machen. Seit kurzem gibt es elektrisches Licht in ihrer Hütte, die sie mit Sivaguru, ihrem Mann, und drei Kindern bewohnt – zehn Quadratmeter. Die meisten ihrer Kolleginnen leben in *linehouses*, nicht weit weg von der Einsatzstelle – aber weit genug, damit ausländische Besucher der Teefabrik nicht sofort sehen, wie sie hier hausen.

Sieben kleine Räume gehören zu einer »Linie«, jeder wird von einer Familie bewohnt, nicht selten sind das acht oder neun Menschen. In den letzten Jahren sind einige alte Reihenhäuser durch Neubauten ersetzt worden, mit Stromanschluss und modernen Herden.

Saraswati hat es etwas besser: Ihr Mann arbeitet als Gummizapfer in der Nähe. Der Tageslohn für beide zusammen übersteigt zwar selten drei Euro; durch ein kompliziertes System von Grundlohn, Prämien und Zulagen kann die Familie Lagananthan aber in guten Monaten auf umgerechnet siebzig Euro kommen. Das ist gerade genug, um die Schuluniformen der Kinder in Ordnung zu halten, genug auch zum Essen und Trinken, aber zu wenig, um auch nur ein Kind auf eine weiterführende Schule in die nächste Stadt zu schicken, zu wenig, um sich einen Fernseher leisten zu können – Sivaguru schaut seine Cricketspiele im Krämerladen an, eine halbe Stunde Fußmarsch entfernt.

In der Nachbarschaft gibt es oft Ärger. Einige Männer trinken; in den engen Quartieren, die den Arbeitern nicht gehören und deswegen auch nur unwillig gepflegt werden, kommt es nicht selten zu Reibereien. Die Gewerkschaften, zerstritten in über zwanzig Fraktionen, erreichen die jungen Tamilen auf den Plantagen kaum noch. Vor etwa dreißig Jahren haben sich die so genannten *Indian Tamils* – einst von den Engländern als willige und billige Arbeitskräfte auf die Insel geholt – noch kaum für den Kampf der »anderen« Tamilen um einen eigenen Staat im Norden und Osten interessiert. Inzwischen ist zwar das politische und gesellschaftliche Bewusstsein der Plantagenarbeiter gewachsen. Aber nun fühlen sie sich nicht nur von den Singhalesen, den Vorarbeitern und Fabrikbesitzern, diskriminiert. Auch die höherkastigen tamilischen Bauern und Händler, die seit Jahrhunderten auf eigenem Boden in diesem Land ansässig waren, schauen auf ihre Landsleute im Teeland herab. Zwei Drittel der Tee-Tamilen können nicht lesen und nicht schreiben; im übrigen Land ist die Analphabetenrate mit drei Prozent so niedrig wie in Asien sonst nur in Singapur und Japan.

Saraswati hat um fünf Uhr ihr Revier für diesen Morgen zugewiesen bekommen. Gemeinsam mit etwa zwanzig anderen Frauen dringt sie im Morgengrauen in das enge Strauchwerk der Teebüsche vor. Die sind auf eine Höhe von etwas über einen Meter gestutzt – in der Wildnis müsste man vom Teebaum sprechen; dort schießen diese Pflanzen aus der Kamelienfamilie bis zu zwanzig Meter in die Höhe. Mit flinken Händen und geübtem Griff pflückt Saraswati »two leafs and the bud«. Zielgenau landet ihre Ernte, über den Kopf geworfen, in ihrem Rucksack.

Drei bis vier Stunden dauert so eine Schicht. Dann liefert Saraswati fünfzehn, manchmal sogar zwanzig Kilo Blätter an der Sammelstelle ab. Oft muss sie eine Stunde warten, bis sie in der langen Schlange der Pflückerinnen zur Waage vorgerückt ist. Dort erst wird ihr Tagespensum und damit ihr Lohn berechnet. Etwa zehn Tage wird die verhärmt aussehende Frau jetzt jeden Tag in das Revier gehen. Danach wird diesen Büschen zwei Wochen Pause gegönnt, bis neue Knospen und wiederum zwei oder auch mal drei Blätter reif und saftig darauf warten, gepflückt zu werden. Saraswati wird in der Zwischenzeit auf dem Nachbarhügel arbeiten.

Über Nacht welken die Blätter im Obergeschoß der Fabrik auf so genannten Hurden, wobei warmer Wind aus riesigen Gebläsen den Prozess beschleunigt. Durch Luken und Trichter rutschen die Blätter danach ins Erdgeschoss, wo sie zerrieben und zerhackt werden. Dabei brechen ihre Zellen auf, oxidieren und die Blätter werden schwarz. Das Fermentieren dauert ein, zwei Stunden. Danach erst, wenn die Blätter (die ja eigentlich keine Blätter mehr sind) in Heißluftkesseln getrocknet und wieder angefeuchtet sind, duftet der Tee so aromatisch, wie wir das gewohnt sind.

Saraswati hat heute ihrem Lieblingsgott Ganesha, der für Weisheit und mehr noch für Wohlstand gebraucht wird, eine Blumenkette umgelegt. Der kleine dicke Elefantengott steht in der Mitte des Hausaltars. Sie hofft mit dieser Geste nicht nur Ganeshas Stimmung, sondern auch die ihres Einsatzleiters positiv zu beeinflussen. Seit Wochen quält sie, die jeden Morgen barfuß in den feuchten Teegärten geht, ein böser Husten. Der Händler, bei dem Sivasguru Stammgast zum Fernsehen ist, will sie mit seinem Auto in die Stadt mitnehmen, zum Arzt.

*

Handelskammer Colombo, zweiter Stock. Seit acht Uhr läuft hier die Tee-Auktion. Auch die Ernte, die Saraswati mit eingebracht hat, steht heute auf den Listen der Broker. Graeme Tissera ist einer von ihnen; er soll für das Hamburger Haus Hälssen & Lyon beste Ware kaufen: zwanzigtausend Kilo Uva Broken, kräftig, herb und dunkel. In dem fensterlosen Raum, der wie ein Auditorium gestaltet ist, sitzen hundertfünfzig Exporteure. Nur sie verstehen die Orders und Aufträge, die monoton und mit vielen Abkürzungen vom Podium gerufen werden: H/LL one sample to Keel's ... eine Einheit – in diesem Falle hundert Kilo – High Grown (Hochgewächs) aus Lover's Leap, einer besonders guten Lage der Pedro Estate bei Nuwara Eliya geht an die Firma Keel's, den Branchenführer in Sri Lanka – und schon ist das nächste *lot* aufgerufen.

Locker, unaufgeregt und ohne Mikrofon werden an diesem Vormittag Teekisten für mindestens hunderttausend Euro verkauft, vorwiegend nach Russland, in die Ukraine und in die Emirate. Tee macht die Hälfte aller Deviseneinkünfte Sri Lankas aus. Nach Indien und China ist die Insel der drittgrößte Lieferant der Welt. Mit Darjeeling und Assam im Nordosten Indiens konkurrieren Dimbula, Uva und Uda Pusselawa, Ceylons höchst gelegene Provenienzen, um das Etikett des weltweit besten Tees. Kein anderes Land außer Japan schätzt Qualität aus diesen Lagen so sehr wie Deutschland. Die Engländer, die doch den Tee nach Ceylon gebracht und außerdem ein Jahrhundert lang die Rituale der *tea time* kultiviert haben, haben sich offenbar, wie der Rest der Welt, mit dem Teebeutel arrangiert.

Einen Monat später in Hamburg. Frank Pauls ist mit der Lieferung aus Colombo sehr zufrieden. Eine Kollegin wiegt ihm grüne, braune, schwarze Blätter ab, 2,5 Gramm von jeder Sorte, präzise mit der Apothekerwaage ausgependelt. Dann wird aufgekocht. Fünf Minuten muss der Sud in henkellosen, zugedeckten Tässchen ziehen. Frank Pauls schnüffelt in den kleinen Becher, zieht den Duft ein, nimmt einen Schluck, geräuschvoll und schmatzend: »… sehr nobel, ein guter Body«. Und dann verrät der Mann mit der goldenen Nase noch, wie man frischen und guten Ceylon-Tee aus der Kiste sogar »blind« ertasten kann: »Er knirscht so schön, wenn man ihn langsam in der Hand zerdrückt …«

Abschied vom Gestern

»Sundowner« auf der schönsten Terrasse der Tropen

Ein Nachmittag wie jeder andere. Auf der Veranda des Hotels Galle Face in Colombo dösen einige Gäste vor sich hin. Sie schlürfen Gin Tonic oder heißen Tee mit Milch und schauen aufs Meer. Lautlos huschen die Kellner zwischen den Sitzgruppen und der Bar oder der Küche hin und her. Sie lächeln sanft und wissend, wenn sie die Order aufnehmen, und sie lächeln ebenso, wenn sie das Gewünschte servieren, etwa dem Gentleman im Khaki-Anzug seinen Gin Tonic und der Dame mit dem großen, weißen Hut ihren englischen Sandkuchen, »very dry, Madame, of course …« Drei oder vier Ventilatoren drehen sich über ihren Köpfen, träge und wirkungslos. Manchmal erinnert ein Hupen oder ein anderes lautes Geräusch an die Welt da draußen, an den Lärm und den Gestank der heißen Stadt.

*

Das Galle Face, 1864 eröffnet, ist die älteste Herberge im Lande, eine Legende unter den Kolonialhotels östlich von Suez. Als die Insel noch Ceylon hieß, wohnten hier und im Mount

Lavinia und im Grand Oriental, mit Blick auf den Hafen, die Forscher, die Fürsten und die Abenteurer. Nicht immer waren sie zufrieden mit ihrem Quartier. So mokierte sich zum Beispiel vor über siebzig Jahren Irma Prinzessin Odescalchi, geborene Freiin von Lüttwitz, in ihren »Reiseskizzen«: »Das Hotel selber, bekannt als das beste des Ostens, hat zwar eine schöne große Halle, in der man alle Sprachen der Welt hört, ist aber in Bezug auf Komfort in den Zimmern nach unseren Begriffen primitiv. Kleine Eidechsen kriechen an der Decke entlang, die Krähen fliegen zu den Fenstern ein und aus und nehmen mit, woran sie Gefallen finden …«

Krähen sind noch reichlich da, und auch die Geckos, die kleinen, völlig harmlosen Eidechsen, laufen nach wie vor die Wände hoch und fangen Fliegen. Die Zimmer sind sehr groß und in den Etagen, die noch nicht renoviert sind, eher schlicht als fein zu nennen. Die dunklen Flure wirken wie Tunnel, die in die Vergangenheit führen. Auf der Veranda, über die jetzt eine Brise vom Meer her in den Garten weht, wird liebevoll zum Dinner gedeckt, und die Preise sind noch immer niedrig.

Und doch ist so ein Nachmittag inzwischen auch ein Abschied vom Gestern. Die Rattansessel sind längst gegen Plastikstühle ausgetauscht; die neuen Möbel lassen sich besser stapeln, sagt – völlig zu Recht – ein junger Kellner, der flink und polyglott bedient. Er kennt die

Adressen der neuen Szenecafés an der Duplication Road; am Wochenende gönnt auch er sich dort gern mal eine Auszeit. Der Südflügel des altehrwürdigen Galle Face ist eingerüstet, ein Luxustrakt wird dort eingerichtet, mit *ayurveda* und Wellness. Und, ach, mein Freund K. C. Kuttan, weit über achtzig, wird nun natürlich nicht mehr aus dem Ruhestand geholt, auch nicht, wenn inzwischen wieder viele Leute auf der Terrasse sitzen.

In den achtziger und frühen neunziger Jahren saß ich dort nicht selten allein. Manchmal kam der alte Gardiner, der kauzige Besitzer, auf einen Drink und einen Chat dazu. Er gewährte Nichtrauchern im Hotel großzügige Rabatte, genoss aber draußen gern den Duft meiner Zigarillos. Und jedes Mal erzählte er vergnügt, dass ihm schon wieder Vertreter der großen Hotelketten auf die Nerven gegangen seien. Der Hotelier, von dem sich auch heute noch, Jahre nach seinem Tod, die Leute in der Stadt Anekdoten erzählten, blieb standhaft: Ein Cyril Gardiner, so sein Credo, lässt sich Haus und Schneid nicht so einfach abkaufen. Den Stil und das Ambiente einer Epoche – von der er freilich wusste, dass sie längst vergangen war – stellte er über den Profit.

Auch K. C. Kuttan, sein Lieblingskellner über fünfzig Jahre, war ein *character*, wie die Engländer solche Originale voller Respekt nennen. K. C. repräsentierte das alte Ceylon bis weit hinein ins moderne Sri Lanka. Wenn er